JN224557

相手を「腹落ち」させたいときの伝え方

若手はどう言えば動くのか？

コミュニケーション コンサルタント
ひきたよしあき

日経BP

若手を動かすには、コツがある。
成果を出せるリーダーは、
それを知っている。

はじめに

「若手は無気力」「やる気がない」は本当か

「若手のやる気が感じられない」「パワハラだと言われるのが怖くて、強く注意できない」「こんなに甘くて、本当に部下は成長するのか不安」……。

今、日本全国のあらゆる組織で、若手の育成を任されたミドル層が叫んでいます。

２０１９年の働き方改革関連法施行を皮切りに、働き方に関するさまざまな制度改革が行われてきました。加えて、新型コロナウイルスのパンデミックによるリモートワークの普及、生成ＡＩ（人工知能）の急速な進化など、予想もつかなかった変化が一気に訪れています。こうした変化の前から社会に出ていたミドル世代と、変化のさなかに社会に出た若者は、仕事に対する意識が全く違う。その変化に対して、個人も企業も右往左往しているのが現状ではないでしょうか。

こんな時代ですから、あなたが悩むのも当然です。迷い、戸惑い、鬱憤をためる毎日を送られていることでしょう。そこでまずお伝えしたいのは**「言いたいことが言えない」と悩んでいるのは、あなた1人ではない**ということ。「適切」がなんなのかよく分からない世界で、人間関係を真剣に考えている人なら誰もが、「これは不適切かもしれない」と悩んでいるのです。

ご挨拶が遅れました。私はひきたよしあきと申します。

私は長く広告会社で働き、広告制作のディレクター、政治家や企業エグゼクティブのスピーチライターなどを務めました。官公庁を顧客にした営業部長も経験し、マネジメントの難しさと醍醐味も味わってきました。会社を出てからは、300以上の企業や行政機関を訪れてコミュニケーションスキルを教え、明治大学、大阪芸術大学の教壇に立ってきました。いわゆる「昭和のビジネスマン」の感覚を知りつつ、大学の元教え子で今では中間管理職になったミドル層、そしてZ世代ともよく接しています。これまでに関わってきたZ世代の数は、彼らが子どもの頃から数えると、約1万人に上るでしょう。さまざまな立場の人の言い分を聞くなかで、お互いの「納得解」を得るには、どのような姿勢で、どこまで説明し、何に気をつけるべきかを常に考えてきました。

本書は、ビジネスマンとして、大学の教員として、「言葉の力」を伝えるプロとして、日々「若手はどう言えば動くのか？」を考え、実践してきた私がたどり着いた、「相手を『腹落ち』させたいときの伝え方のコツ」をまとめたものです。

私の上司、友人、得意先、元教え子の中堅社員、新社会人、学生らから聞いたエピソードもふんだんにちりばめました。難しい論理よりも、毎日必死に汗をかき、泥にまみれながら戦っている人の言葉のほうが、あなたの役に立つと考えたからです。

よく「若手は無気力だ」「何も考えていないようだ」と言われます。あなたも実際にそう感じているかもしれません。しかし、若手は本当に無気力で何も考えていないのでしょうか？　私は決してそうは思いません。私が教えている大学の学生たちの多くは無遅刻・無欠席で、リポートも期限までにきちんと出す子たちばかりです。成長したいという意欲も高いです。彼らの心に響く伝え方で、「腹落ち」させることができれば、彼らは驚くほど高い能力を発揮してくれます。

若手を動かすために大切な「伝え方のコツ」とは何か。それは**「相手の価値観を容認した上で、丁**

寧に説明する」という姿勢です。

それは、単なる「甘やかし」とか「優しさ」とか「猫なで声で機嫌を取る」のとは違います。本書の目的は、あくまで若手の成長を促し、チームの戦力になってもらうこと。本書には、必要な注意をきちんと伝え、若手の行動変容を促すための言葉も盛り込みました。

さらに、責任ある立場で後輩や部下の意見を代弁することもあるミドル層にとっては、上司とのコミュニケーションも重要です。気難しい上司たちといかに向き合うか。その戦い方を、最後の章で示しました。ひるまず、勇気を持って臨んでほしいとの願いを込めました。

若者は岩のように動かない相手でも、霞のように実体のない相手でもありません。きっとあなたの味方となり、チームの貴重な戦力となってくれます。あなたが本書で「腹落ち」してくれたらうれしいです。

若手を腹落ちさせるための伝え方「5つの心得」

本書では、若手の育成に関する22のお悩みと、気難しい上司との付き合い方に関する3つのお悩みを紹介し、それぞれに「相手を腹落ちさせる言葉」や伝え方のコツを紹介しています。具体的な話に入る前に、すべてのテーマに共通する心得をまとめました。何度も見返してくれたらうれしいです。

心得 1

時代、世代、環境により、人の考え方や価値観は違う。若手のなかでも価値観は多様化している。**相手の価値観を受け入れ、その違いを理解した上で接しよう。**

心得 2

「先輩の背中を見て学べ」は通用しない。仕事の目的、手順、ゴールなどを、丁寧に説明すること。**常に「相手の思い」を心に留めよう。**

心得3

転職が当たり前の時代。社内での出世より、社外に出ても役立つスキルを若手は求めている。**会社ではなく「相手にとって役立つ」**ことを中心に語ろう。

心得4

「褒める」と「甘やかす」は違う。**傷つけないためのルールを守りつつ、**適切な言い方で注意ができる自分になろう。

心得5

うまくいかなくても自分を責めない。社会が大きく変わっている今、誰1人正解は持っていない。**何事も「私のせいだ」と抱え込まず、奮闘する自分を褒め、いたわろう。**

以上を頭に入れて、本書をお読みください。

第2章 「自分で考えて動く若手」をどう育てるか

第3章 「不満げな若手」を腹落ちさせて動かす言葉

第4章 威圧的にならずしっかり伝わる！ 注意の仕方、叱り方

第1章

若手との距離を縮める言葉の選び方

Case
1

若手と共通の話題が見つからず、
何を話したらいいのか
分かりません

お悩みへの
Answer

共通の話題を探すより
「興味のあること」を聞くのが近道

▼新人教育に悩むミドル世代が急増中

かつての大学の教え子で30代半ばを迎えた男性が、久しぶりに私を訪ねてきました。いわゆる「ゆとり世代」第1期生。就職活動をしているとき、企業に入って「やっぱり、ゆとり世代は…」と言われるのが怖いし、つらいと言っていた男性です。その彼が、憂鬱な顔をしてやってきた。会社で新人教育を任されたものの、手を焼いているとのことでした。

「こんなのやる意味あるんですか」
「私には無理です」
「言うことコロコロ変わってませんか」
「やる気が出ません」
「教え方、下手ですね」
「もう、辞めたいです」

新人の口から出てくる言葉に、どう対応すればいいか分からないというのです。

「私の頃は、『ゆとり』とバカにされたくない一心で、会社の中に入っていこうという気がまだあったんです。でも、新人には、そういう気がないように見えます。『長く会社にいる気はない』と宣言し、『ここで自分のスキルアップにつながるものだけを学びたい』と堂々と言うんですよ。先生には、私も新人も同じように見えるのかもしれないけれど、この10年は、明治維新やフランス革命のビフォア・アフターほどに違います。まったく、私のほうが辞めたくなりますよ」

若いとばかり思っていた彼の顔に、中間管理職の苦悩がにじんでいるようでした。

▼好きな歌もバラバラ…今は「共通の話題」が存在しない時代

諸説ありますが、大ざっぱに世代を整理しておきましょう。まずZ世代とは米国由来の概念で、X世代、Y世代に続く、1990年代半ば生まれ以降の世代を指す言葉です。

X世代　1965年生まれから
Y世代　1980年生まれから
Z世代　1995年生まれから

これとは別に、日本でも「就職氷河期世代」（一般的には1970〜1982年頃生まれ）や「ゆとり世代」（一般的には1987〜2004年頃生まれ）といった区分けが存在します。

冒頭の男性は1987年生まれで、Y世代であり、ゆとり世代ということになります。インターネット世代ではありますが、まだテレビや雑誌が主な情報源として活用された時代。「失われた20年」を生きてきた彼らには、まだ長く職場に勤めてキャリアを積む気持ちがあり、周囲との協調性も大切にする意識があります。しかし、Z世代のなかには、会社をスキルアップのための1つの足がかりととらえ、無駄な時間や人間関係を極力排除したがる人も多いといわれています。

「なんとか共通の話題でもあればいいんですけど」

と言う彼に私は1つの資料を見せました。自分が現在勤める大学で学生に対して調査した「自らのモチベーションを上げる歌」というアンケート結果です。資料を手にしたとたん、彼が叫びました。

「知ってる歌が、ほとんどない！」

アニメ、K-POP、地下アイドル、個人的な「推し」…しかも40人近い学生が1人として同じ歌を書いていません。私は、彼に言いました。

「共通の話題を探すことが、極めて難しい時代なんだよ。爬虫類が大好きな子もいれば、木製シャープペンシルばかり集めている子もいる。同年代でこの調子なんだから、10年以上も年上の君が、『共通の話題』を見つけるのはかなり難しいよ。しかもプライベートな話は嫌がるしね」

彼は「打つ手なしですね」と、頭の後ろで手を組みました。

▼「何も知らない私に教えて」と頭を下げる

「先生は、今の学生たちとどうやってコミュニケーションを取っているんですか」。しばらく考えていた彼が、体を起こして聞いてきたので、私はこんな話を伝えました。

「1つだけ、いい方法がある。まず、講義の冒頭で、

『私は、あなたたちを知らない。どんな価値観を持っているのか、何に興味があるのか、全く分かっていない。

だから、何も知らない私に教えてほしい。

私は教師ではあるけれど、あなたたちのほうがよく知っていることが多いと思う。そこは面倒がらずに教えてほしい』

と言って頭を下げちゃうんだ。先生とかリーダーとか、そういうもので得られる自尊欲求みたいなものを捨てる。**相手の価値観に興味を持つ。相手の性格を理解できなくても、面白がっている様子を見せる。**そうしていると、こっちから話題を見つけなくても相手がだんだんと話し出すもんだよ。話を聞いたら、できれば多くの人がいるところで、

『面白いなぁ』

と言うんだ。**『あ、リーダーが、新人の話を面白がっている！』と周囲に示すことも大事なんだよ**」

▼相手が「気持ちいいな」と思って話しているのはどこか

彼は、私の話を真剣に聞いていました。

「もしかすると、僕は指導を任されたことがうれしくて、なにげなく圧をかけていたのかもしれな

いないなぁ。自尊心を捨てるの、大事ですね」

と言いました。それから私は、少し相手が話すようになってきたら、その話しぶりから相手が「気持ちいいな」と思って話している箇所を探す。根気よく聞いていれば、必ず**「あぁ、気持ちよさそうだな。舌がよく回っているな」と思うところがある。そこが「共通の話題」**になると教えました。

「すぐに見つからないとは思うけど、じっくり探してみます。**何よりも、聞くことが大事なんだと**よく分かりました」

そう言った男性は、少しだけ学生時代に戻ったような生気のある顔になっていました。

まとめ

相手が「気持ちよさそうに話している」ポイントが「共通の話題」になる

Case
2

「昔の話はするな」

「プライベートは聞くな」

…では何を話せば？

お悩みへの
Answer

先輩の「失敗談」に、若手は安心する。

10個用意しよう

▼「説教、昔話、自慢話をやっちゃダメ」

若手との距離を縮めるために大切なのは、相手に「いろいろ教えてほしい」と頭を下げること。その上で、「相手が気持ち良さそうに話しているポイント」を深掘りすることです。しかし、これだけだと「自分がどんな人間か」を開示することができないので、信頼関係を築くのに時間がかかります。相手に近づくには、「自分自身の話」もしてみましょう。

自分自身の話。ここには、最大の注意ポイントがあります。タレントの高田純次さんが、その注意点を明確にしています。

「年を取ったら、**説教、昔話、自慢話をやっちゃダメ**」

名言ですね。まさに**若い世代に嫌われる「三大噺」です。**

私も若い頃は、上の人の「三大噺」が嫌で嫌で仕方ありませんでした。当時は宴席で聞くことが多かったもので、酔った上司が同じ話を何度もします。うんざりした顔をしていると機嫌が悪くなるので、タメになったふりをする。「なんでこんな目に遭わなくちゃいけないんだ！」と日々鬱憤がたまっていました。

自分が部長になったとき、「絶対に自慢話はすまい」と誓いました。にもかかわらず、ある宴席で「ひきたさん、またその話ですか」と部下に言われてハッとしました。自分では自慢話をしている意識はない。**過去の経験のなかから、みんなのためになると思う話をしているつもりです。しかし、考えてみればこれが「自慢話」なんですね。**説教も昔話も、よかれと思って話している。これが受け手にとってはいい迷惑。カラオケで、自分1人がマイクを握って歌い続けるオッサンの迷惑さです。

では、いったい、どんな話をすればいいのでしょう。

▼今の若手は「失敗談」に飢えている

若手と接点をつくる話題。その1つに「失敗談」があります。これに気づいたのは2018年のことでした。この前年、『君たちはどう生きるか』（吉野源三郎著）が漫画化されてリバイバルし、空前のブームになりました。私は、この本についての読書会などを高校生や大学生、一般の人に対して行っていました。そこで気づいたのは、小説のなかではさほど重要とも思えない「母親の失敗談」を息子に語るシーンに、多くの若者が共感していたことです。「うちの母親の失敗談なんて聞いたことがない」「母親の失敗談を読んで、ほっとした」そんな声を学校や地域を問わず聞いたのです。インターネットが興隆していくなか、誰も彼もが、キラキラとした自分、成功した私を拡散しようとする。**「私には、人に誇る部分がない」と自己肯定感が下がっていた人たちが「親の失敗談」に共感するのを目の当たりにしました。**

「もしかすると、今の人は失敗談に飢えているのかも」

そう考えた私は、常に10個の失敗談をネタとして持っておけと、さまざまな企業・団体のリーダーに教えました。

❶今日の失敗談
❷ここ最近の失敗談
❸人生最大の失敗談
❹子どもの頃の失敗談
❺学生時代の失敗談
❻新人の頃の失敗談
❼親子関係での失敗談
❽友人関係での失敗談
❾旅における失敗談
❿大きなイベントにおける失敗談

10個の失敗談を、自分の体験から選び出し、物語化しておく。新しいネタができたら入れ替える。そして大切なことは、**「失敗談から学んだ教訓も語れるようにしておく」**ということです。失敗談だけだとプライベートな話で終わりますが、**そこに教訓がプラスされれば「私に教えてくれたいい話」となる。**若手と話のネタに困ったら、説教、昔話、自慢話と思われないように注意しながら、失敗談を語ってみてください。

▼リーダーが「ポンコツぶり」をアピールすべき理由

リーダー向けの企業研修のなかで、参加者からこんなエピソードが出てきました。

「真夏の頃です。朝、忙しくしていて、干していた洗濯物のなかから何気なくポロシャツを選んで会社に出かけました。満員電車の中、誰かの汗の匂いかなと思っていたら、どうやら私らしい。ポロシャツが生乾きだったんです。周囲の人が迷惑そうな顔をしている。その日、得意先に行く用事があったので、すぐにユニクロで新しいポロシャツを買って着替えました。夏の匂い、自分で発していないかを気づくいい機会になりました。洗濯物の生乾きに注意してください」

失敗談に見えますが、部下の立場で聞いていると「この上司、清潔感を出すことに気を使っているんだな」と気づきます。そうすると、真っ白いポロシャツがとても似合う人に見えてきました。

もう1つ、紹介しましょう。

「実は私、落ち込んでるんです。昨日、ちょっと上司と居酒屋でケンカして、『辞めてやる！』と言っちゃったんですよね。朝からダウンスパイラルです。お酒はほどほどに。親しき中にも礼儀ありですね」

というような話。この失敗談には、ミソがあります。**部下は、上司が、その上の上司とどういう関係なのかをとても気にします。**自分のやった仕事に対して、上司がその上の上司を説得できるのか。ただのいいなりで、とばっちりが下の自分にまで回ってこないか。そんなことまで考えています。この話は失敗談ですが、若手から見ると、上司とその上の上司が、ケンカができるくらい仲がいいことを示しています。失敗談を通して、上司の性格や人間関係を伝えることができるのです。

ソツなくなんでもこなして、非の打ちどころがない上司は疲れます。人間味を感じさせることもできないでしょう。リモートワークが増えて、**自らのキャラクターまで伝えるのが難しい時代だか**

らこそ、自分の「ポンコツぶり」を少しでもアピールすることが肝心。失敗する自分を見せること。

これも若手とのコミュニケーションにとって大切なことなのです。

まとめ

過去の話も「失敗談」なら嫌みにならない

Case
3

相手を褒めてばかり。
甘やかしているようで
モヤモヤします

お悩みへの
Answer

褒めると甘やかすは別物。
若手を伸ばすのは「根拠ある承認」

▼私が学生たちに対して「全肯定BOT」である理由

私は、学生たちに「全肯定BOT」というあだ名をつけられています（BOTとは、自動的に物事の処理を行うプログラムのことです）。どんなネガティブな話題でも、ポジティブに変換する。なに1ついいところがないように思える学生の回答にも、長所を見つけてコメントする。キャンパスを歩いていると「あ、全肯定BOTだ」と声が上がるほど、褒めることを主体とした講義をしています。

なぜ、褒めるのか。これには理由があります。

少し古いデータですが、私が博報堂に勤務していた2017年、博報堂生活総合研究所が、「SNSの自分の投稿に対する『いいね』などのリアクション」をお金に換算するといくらになるか、というアンケート調査の結果を発表しました。1回の「いいね」は平均556円。「10円くらいだろう」と軽く見ていた私は衝撃を受けたのです。さらに興味深いのは、リアルで受け取るリアク

「いいね!」の値段は556円、「目上の人から褒められる」は2216円

Q あなたの日常生活における下記のような出来事について、その価値をあえて金額に置き換えるとすると、いくらくらいになると思いますか。それぞれについて、金額をお答えください。

		全体	男性平均		女性平均
SNSのリアクション	SNSの投稿に「いいね!」がつく	556円	676円	>	416円
	SNSの投稿がシェアされる	587円	780円	>	361円
	SNSの投稿にコメントがつく	697円	836円	>	535円
	SNS上で誕生日を祝うメッセージが届く	967円	1051円	>	868円
リアルのリアクション	近所の人からあいさつされる	787円	673円	<	903円
	目上の人から褒められる	2216円	1895円	<	2540円
	友達から「ありがとう」と言われる	2257円	2043円	<	2473円
	好きな人から連絡がくる	4934円	5274円	>	4590円

「褒める」の価値は大きい

n=1500人　男性n=755人　女性n=745人
SNSのリアクションはSNS利用者のみに質問　n=759人　男性n=408人　女性n=351人

出典:博報堂生活総合研究所「生活者の『好き・熱中にまつわる意識・実態調査』」より、「『いいね!』の値段調査」(2017年1月11日公表)。2016年11月、東名阪3都市圏の20～69歳男女1500人に対しインターネット調査で実施

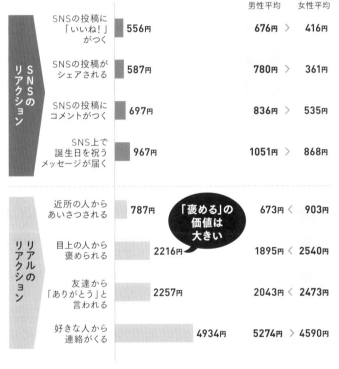

ションの価値。**「目上の人から褒められる」は2216円だというのです。**これを男女別で見ると、男性の平均1895円に対して、女性は2540円！「いいね」の値段は女性の平均が416円なので、女性は顔の見える目上の相手から褒められることに、SNSの6倍以上の価値を感じていることになります。

SNSでの承認欲求がとかく注目されがちですが、人はそれよりもはるかに強く、「リアルで誰かに認められたい気持ち」を持っているのです。

地域などの関係が希薄になり、今の若手のなかには、親、学校と塾の先生くらいしか親しい大人がいないケースもあります。しかも、そうした大人の大半は「褒める」より「叱る」専門家のような人たちです。子育ての経験がある人ならお分かりいただけると思いますが、子どもを育てるとき、親は子どもの悪いところをどうしても見てしまいます。動物の本能として「弱いところを強く」することが優先されるのです。これと同じで、**「育てよう」という気持ちが強いと相手の悪い面ばかりを見てしまう傾向が出てきます。**さらに、新型コロナウイルス禍で行動が制限されるなかで青春時代を送ってきた。彼らには「褒める大人の絶対数」が少ないのです。

一見「褒められて育った」ように見える彼らですが、リアルに褒めてくれる大人が少ない。その反動で、SNSに自己承認欲求を満たしに行くのかもしれません。こんな背景を知って私は、褒めることに重きを置いた講義をしています。

▼「褒める」と「おだてる、甘やかす」の違いとは

しかし、「褒める」と言ってもただチヤホヤするのではありません。根拠もなく甘い言葉を投げかけるのは「おだてる」あるいは「甘やかす」行為です。**「褒める」は、「根拠のある承認」のこと。**その「根拠」を見つけるには、相手を「見守る」ことが大切です。いつも観察し、**過去と今を比べて「成長した」と思える点を見つけることができて初めて「褒める」ことができる。**ただおだてているだけでは、やっているこちらがバカバカしくなってしまいます。

私は、「褒める」とは、「相手の長所や成長ポイントを見つける宝探し」のようなものだと思っています。ただ相手と接しているだけではなかなか見つかりません。宝の地図を眺めるように相手を観

察することが必要なのです。

▼元サッカー選手・中村憲剛さんの考え抜かれた「叱る言葉」

しかし、本当に褒めるだけでいいのでしょうか。厳しくするところがなければ、相手が成長しないのではないか。そんな疑問も湧いてきます。

この疑問に答えてくれたのが、元サッカー日本代表の中村憲剛さんです。私は、日本サッカー協会（JFA）が開催する、Jリーグや日本代表などのコーチや監督を務めるのに必要な資格「Proライセンス」を取得するための講習会で、講師をしています。そんな関係から、憲剛さんと対談する機会に恵まれました。技術を言語化し、それを若い選手や子どもたちに伝える能力がずば抜けている憲剛さん。彼は、技術の足りない若手に対して、「できていない」と叱る代わりに、こんなメッセージを伝えるそうです。

「できていると思っているかもしれないけれど、まだ足りていないよ」

「あなたのここができていない」と否定や断定をするのではなく、「理想には、この点が足りていないんじゃないか」と言う。**君の理想の実現にはまだ道半ばだと**、ポジティブな期待を込めて教える。すると選手は、その足りない分をどう穴埋めしようかと考えだします。

今の若手は自信がない人が多いといわれますが、「自分はできる」と根拠なき楽観性を持って自信ありげに過ごしている人もいます。こういう相手に対しては、「できていない」ではなく「足りていない」と言うと、相手の向上心に火をつけることができる。プロサッカーの世界は、ここまで言葉選びを入念にするものかと感銘を受けました。

仕事の質をもっと高めてほしい。もっと成長してほしい。そんなときは「ここが足りていないよ」と指摘したり、あるいは「どこが足りていないんだろう?」と相手に問いかけたりしてみる。この方法を取り入れると、「褒める」だけでモヤモヤする気持ちが解消するのではないでしょうか。

▼「人のいいところを承認する職場」をつくる3つの言葉

褒めることとは、チヤホヤするでも、甘やかすでもなく、人の長所の宝探しをすること。こういうムードがオフィスに広がれば、おのずとコミュニケーションが密になっていくことでしょう。しかし、急に人を褒めようと思っても、自分が褒めることに慣れていなかったり、ネガティブな感情に支配されていたりするようでは、「褒める」ことは苦痛でしかありません。

そこで、トレーニングです。

いいね（好意）　すごいね（賞賛）　ありがとう（感謝）

この3つの言葉を口癖にするようにしましょう。「好意」「賞賛」「感謝」は、褒め言葉の3要素です。これがいつも口から出るようにトレーニングしておくことで、**「褒めること」に慣れ、「人のいいところを承認する職場」がつくられていきます。**誰かを褒めることにモヤモヤしているなら、まずはこの3語を職場で積極的に使うようにしていきましょう。

具体的な方法としては、**「つぶやくことから始める」**こと。いきなり、大きな声で「いいね！」「すごいね！」「ありがとう！」と言い出したら、職場の人に相当な違和感を与えてしまうでしょう。まずは、相手が真面目に資料検索をしているなどの**「具体的な行動」**、時間を守るなどの**「仕事への姿勢」**、そして、**「過去と比較」**してよくなっていると思う部分を発見し、「いいね」「すごいね」「ありがとう」と自分に語るようにつぶやく。その声をだんだんと大きくしていってください。

❶具体的な行動…（例）**「集中して資料を調べているね、すごいね」**
❷仕事への姿勢…（例）**「いつも時間をしっかり守ってくれてありがとう！」**
❸過去との比較…（例）**「去年と比べて資料の修正箇所が減ったね、いいね！」**

ビジネスにおける「褒める」は、言語的報酬といわれるもの。その報酬を与えられる癖づけを自分にしていきましょう。

若手の多くは、褒めてくれる大人の絶対数が少ないなかで育ってきた。だから、リーダーの「褒め」は大切な言葉なのです。青山学院大学の陸上競技部が駅伝で常勝チームになったのも、原晋監督の、学生たちの長所を伸ばす力が卓越していたからに違いありません。甘やかすのではなく、長所の宝探しをする。そんな気持ちで接してみてください。

まとめ

「宝探し」の感覚で相手の長所を見つけ、つぶやくことから始めよう

Case 4

無気力に見える若手。
どんな気持ちで仕事を
しているのか分かりません

お悩みへのAnswer

「この仕事が君の人生にどう役立つか」を
言葉で伝えよう

▼有名大学の学生が「ラクな会社」に就職したい理由

ある日、大学3年生が私の事務所にやってきました。有名大学の女子学生です。就職についての相談でした。

「先生、**残業が少なくて、人間関係も面倒でなくて、できれば昔の年功序列のような感じで昇格が決まるような会社ってありますか**」

私は一瞬、彼女の言葉の意味が分かりませんでした。真面目に就活はしているのだろうけれど、彼女の言葉からは「やりがいのある会社」ではなく「ラクな会社」を目指している印象しか受けない。なぜそんなことを言うのだろう？　もう少し、詳しく聞いてみました。

「私、本名は出していませんが、ボカロP（ボーカロイドなどの音声合成ソフトで楽曲を制作し、インターネット上などに投稿する仕事）をやっていて収入はかなりあるんです。それにウェブライターもやっていますから、もう企業に就職する必要はないと思っています。でも、どれも匿名で活動していて、親も知らない。それもあって、自分の名前でリアルな世界で働いてみるのもいいかなと思うのですが、時間が不規則で人間関係がきついところは『本業』に差し障るから絶対無理なんです」

これを聞いて、やっと全体像が見えてきました。高校時代にコロナ禍を経験した彼女は、「この状態がずっと続いても食べていける方法は何か」と真剣に考えたとか。その結果が、音声合成ソフトを使って音楽をプロデュースする仕事。これが当たりました。

▼企業で働くことに対する価値観は、ここまで変化している

「それならば、別にリアルに働かなくてもいいじゃない」

と私が言うと、それは「怖いし、不安だ」という。ボカロPもウェブライターも長くできるかどう

か考えると不安になる。だからリアルな世界にも足場をつくっておきたいというのです。

こうした思いを持つのは、彼女だけではありません。リモートでできる仕事が増えた。副業を認めてくれる会社も多い。さらには少子化で、「食べるに困らない程度」の仕事ならいくらでもある。そんななかで、**若手の「企業で働く」価値観が大幅に変わってきています。**

「リモートで仕事をしていて、上司に叱られたとします。その同じモニター上に詳細な転職情報が次々流れてくる。勤めている会社との関係が希薄にもなりますよ」

とは保険会社の人事担当の言葉。リアルな仕事のほかに、バーチャル空間やSNSなどのコミュニティー。いくつもの顔を持って暮らしている彼らの働きぶりを見て、「なんの目的で仕事をしているのだろう」と考えてしまうのは当然のことでしょう。

▼彼らは無気力でも、不真面目なわけでもない

学生時代にバイトをしようと思ったら、若者は引く手あまた。「辞めちゃおうかなぁ」と言ったら、バイト先の店長や先輩から「なんとか続けてほしい」と懇願される。こうした環境下で選んだ会社は、「とりあえず籍を置いている」気持ちが強い。これは、どんなに苦労して入った一流企業でも同じです。

「とりあえず籍を置いてみたけれど、配属先が自分には合わないので、辞める」ということになる。教員採用試験を通った新任の先生のなかにも、赴任する学校や地域が自分に合わないと感じると、すぐに辞めてしまう人がいると聞きます。「一生かけてやる仕事」などという価値観は、すでに歴史上のものになっているのかもしれません。

しかし、彼らの話をよく聞くと、やる気がないわけでも、不真面目なわけでもありません。**むしろ「大きな企業に入ったら一生安泰」なんて考えていた世代よりも、現実的に人生を見つめているよ**

うです。

企業内で出世することや、社会的地位を求めることをしない代わりに、**「この仕事は、将来の自分にとってのメリットになるか」という一点は、非常によく考えている。成長意欲も高い。**会社を辞める理由も「労働と給料が釣り合わない」「人間関係がうまくいかない」ということよりも「将来の私にとってメリットを感じられない」ことを理由にする人が多い。私はここに、「若手がどんな目的で仕事をしているのか」をひもとく鍵があると思っています。

▼「やらされ感」を与えないために

若い世代にとって、「会社の利益につながる」「チームワークを乱すな」なんて言葉は、正直どうでもいいものです。どんなに重要なことだと説明されても、「やらされ感」を覚えた時点で働く意欲がみるみる萎えてしまう。それよりも、**大切なのは「自分軸」です。**こう言葉をかけてみましょう。

「この仕事をすることは、あなたのキャリア、人生にとってこんなメリットがあるんだよ」

先ほどのボカロPの女子学生の場合「リアルで働く会社で得られる人脈は、ボカロPを続けるためのこんな力になってくれる」と解釈できれば、その会社でもきっとやりがいが見つかる。メリットがあると分かれば、すごい能力を発揮する可能性を秘めています。

大切なことは、「どんな目的で仕事をしているのか」を、自分の世代の価値観や、私たちの「自分軸」に合わせて考えないこと。若手に**「ここで働くメリットはなんだと思うか」を聞き出す**ことも有効な方法です。

もちろん、こうした若手がすべてではありません。昔ながらの熱血漢もいるし、社長を目指して頑張ろうとする人もいるでしょう。しかし、コロナ禍以降、リモートワークが増えてきた社会環境のなかでの「働く目的」は、随分と変化しているのです。自己研鑽のためと分かると、懸命に働きだす若手を私は何人も見ています。「自分軸」を見据えて、彼らの「働く目的」を考えてみる。こうした視点を持つことが必要なのではないでしょうか。

まとめ

働く目的は驚くほど多様化。相手の「自分軸」を探ろう

Case
5

連絡手段が主にチャットで、
温度感が分かりづらいです

お悩みへの
Answer

短い文章だからこそ丁寧に、明るく！
若手に安心感を与えよう

▼チャットとメールはコミュニケーションのお作法が違う

私はさまざまな会社で、コミュニケーションを強化するための研修をしています。「社員間のコミュニケーションがなぜうまくいかなくなっているのか」「なぜ、会議がうまく回らないのか」「どうして新しい企画が生まれなくなっているのか」…いろいろな問題を突き詰めていくと、**ほぼどこの会社でも「チャットでのコミュニケーション」が原因の上位にあがってきます。**

例えばチャットでは、メールで当たり前の「挨拶文」は歓迎されません。このあたりの違いを再確認しておきましょう。少し極端な例を下に示しました。

A さん
お疲れさまです。山田さんの昨日の企画書、感動しました。
さて、今日の打ち合わせですが、14時からB会議室で行います。がんばって、まとめちゃいましょう。

B さん
○○の件、打ち合わせ。
14時～ B会議室よろしくお願いします。

チャット上では、どちらがいいか分かりますね。Ｂさんです。代表的なビジネスチャットサービス、Ｓｌａｃｋのサイトには、マナーとして「素早い返信」「〝お世話になっております〟などの定型文は使わない」「業務時間外に利用しない」といったポイントが紹介されています。

チャットで大切なのは、「コミュニケーションコスト」（情報伝達や意思疎通のために必要な時間や手間）がかからないこと。その観点から見ると、Ａさんは非効率です。メールでは、まだまだ「手紙文化」を引きずっていて、相手を思う挨拶の言葉から入るのが礼儀でした。が、チャットでは、それが非礼になります。無駄な情報は、高コストを生むだけなのです。できる限り、簡潔な文章を素早いレスポンスで返していく。これが礼儀作法とされているのです。**相手からの返事が素っ気なさ過ぎると感じても、相手としてはマナーを守っているつもりなのかもしれません。**

▼大手企業の幹部に聞いた3つの心得

チャットは「無駄な挨拶文を入れない」のが礼儀とされています。ただ、それではあまりにも素っ気ないとして、あえて挨拶文を入れるという会社や部署もあるでしょう。温度感が分かりづらいと困っている状況は、逆にコミュニケーションコストを増大させているとも言えます。**「私たちのグループにおけるチャットコミュニケーションのルール」を決めることで、コミュニケーションの温度の違いは解消されます。**

先日会った、日本最大手のＩＴサービス・社会インフラ企業で働くある幹部も、チャットの文章にたくさんの工夫を取り入れていました。従業員数２万人を超える企業の管理職として、時には顔を知らないメンバーと一緒にプロジェクトに参加することもあるこの幹部。**特に若手に対しては「心理的安全性」を保つことを意識しているそうです。**

心理的安全性とは、誰もが自分の意見や考えを安心して表明できる状態のこと。この心理的安全性があることで、多様な視点やアイデアが共有されて組織が活性化し、コミュニケーション不足によるトラブルも防ぐことができる。特に若手にとっては、上司や先輩に遠慮せずに発言できるというメリットがあります。

立場が上である自分の言葉が、相手にとっての「圧」にならないように、「冷たい上司」だと思われないように、主に左の3つを心がけていると話してくれました。

❶丁寧な文章を心がける
❷ふだんより明るめな口調
❸お礼は、対面より大袈裟に

❶は、分かりますね。チャットでも箇条書きはせず、敬語を使います。

❷の「明るい口調」にするコツは、文末に「！」をつけること。「ありがとうございます」よりも「ありがとうございます！」と言われたほうが、明るい印象を受けます。

❸の「お礼」については「コミュニケーションコストが上がる」という考え方もあります。しかし本人に尋ねたところ、

「業務に関する話がやり取りされているときは、無駄な文章を書かないように心がけます。しかし、最後のところで、一筆書きを添えるようにお礼の言葉を書く。『ありがとうございます。やっと腹落ちしました。これで前に進めます』なんて添えるんです。**いくら無駄な文章を省くといっても、『業務連絡』だけでは殺伐としてしまいます。感謝されて嫌な人間はいないというのも忘れないことです**」

と話してくれました。業務の最後のやり取りですから、みんな緊張から解放されています。最後の言葉は人の心に残りやすいという心理的効果もあり、感謝の気持ちが伝わりやすいでしょう。

さらにこの幹部は、若手に威圧感を与えないため、依頼するときは「〜〜してください」ではなく「〜〜してくださいませんか？」と書くそうです。

×「S社への提案資料、金曜までに準備してください。」
○「S社への提案資料、金曜までに準備してくださいませんか？」

疑問形を使うことで、決定権を相手に与えることができ、一方的に指示している口調を避けることができます。また、言いにくいことを伝えるときは、断定口調を避けるため、文末を「…」と濁すこともあるそう。その際、「…」ではなく、あえて読点の「、、、」を使うと、よりやわらかい印象になるといいます。

×「プランBは却下します。」
○「プランBは却下します、、、」

チャットのマナーや表現のトレンドは流動的です。ここに紹介したのはあくまで一例ですが、試してみてはいかがでしょうか。

まとめ

チャット特有のマナーを理解し、チーム内でルールを共有しよう

コラム

イマドキの管理職の悩みは圧倒的に「部下が分からない」

「最近の若者は…」とため息まじりに嘆く。同じ言葉を五千年も前のエジプト人が、壁画に刻んでいます。『枕草子』の清少納言も『徒然草』の吉田兼好も同じような言葉を吐いている。老いていく限り、人は「最近の若者は…」と嘆く生き物なのでしょう。

しかし、ここ数年、このため息の質が変わってきました。**以前は、「最近の若者は、情けない」という色合いが濃かったのですが、今は「最近の若者が、分からない」と、嘆く以前に理解不能。**「なぜこのような言動ができるのか、自分たちの経験からは理解できない」と思う人が多いのではないでしょうか。管理職世代と若者との間に、深くて暗い断絶の溝ができてしまったかのようです。

さて、この溝はいつ頃にできたのでしょうか。私は、2016年前後から広がってきたと推測しています。

2010年前後から使われ始めた「ブラック企業」という言葉。残業や徹夜が常態化している勤務状況に批判の目が集まり始めていました。それを決定づけたのが、2015年に大手広告会社で女性社員が過労を苦に自殺した衝撃的な出来事です。以降、2018年に「働き方改革関連法」が成立。2019年4月から順次施行されました。

2020年、世界中が新型コロナウイルス禍に見舞われ、多くの人が自宅に引きこもりました。街から人が消えていたさなか、大変重要な法律が施行されました。それが「パワハラ防止法」(改正労働施策総合推進法)です。2021年後半から感染状況が少しずつ落ち着き、やっと以前のように会社に通えるようになった。**しかし、そこにある会社では、大きな変化が起きていたのです。**

「パワハラ防止法」に従い、職場におけるパワーハラスメント防止のために、雇用管理上必要な措置を講じることが事業主の義務となりました。どの企業も必死になって、パワハラ防止のマニュアルや相談窓口をつくり、管理職研修を始めた。また、パワハラに関するトラブルが生じたら、調停などの紛争解決援助を社員が申し出ることができるようになりました。それを聞いて入社してきた社員は、「それ、パワハラですよ、訴えます」というのが、当然の義務であり、むしろ正義だと思っています。

こうした変化に戸惑う世代は、昭和の終わりから平成に入る頃に生まれた人たち、今の30代後半から40代といわれています。**自分たちが極めて「昭和的」な会社生活を送ってきたのに、若い世代には全く通用しない。**強い言葉をかければ「クラッシャー上司」と言われ、「なんでも相談してくれよ」などと言うと「勤務先は労務を提供する場であって身の上相談をする場所ではない」と突き返されてしまうのです。

「悩みは、部下！」と日本中の管理職が叫んでいる

今時の管理職の悩みは圧倒的に「部下」。この傾向は、データ上にも顕著に表れています。ウェブメディア『日経クロスウーマン』が、2023年に実施したアンケート結果を見てみましょう。課長相当職以上の管理職の男女の意識をまとめたものです。

男女ともに、「部下」に関する悩みが群を抜いています。部下のやる気を引き出し、仕事を回し、時に叱り、人事評価をする…すべては部下を「育成」し、組織のパフォーマンスを上げるためですが、ここに悩む人のなんと多いことか。実はこの調査をする前、担当者は「残業が増えた」など働き方に関する悩み

Q.課長になってから直面した壁は何ですか?
（複数回答）

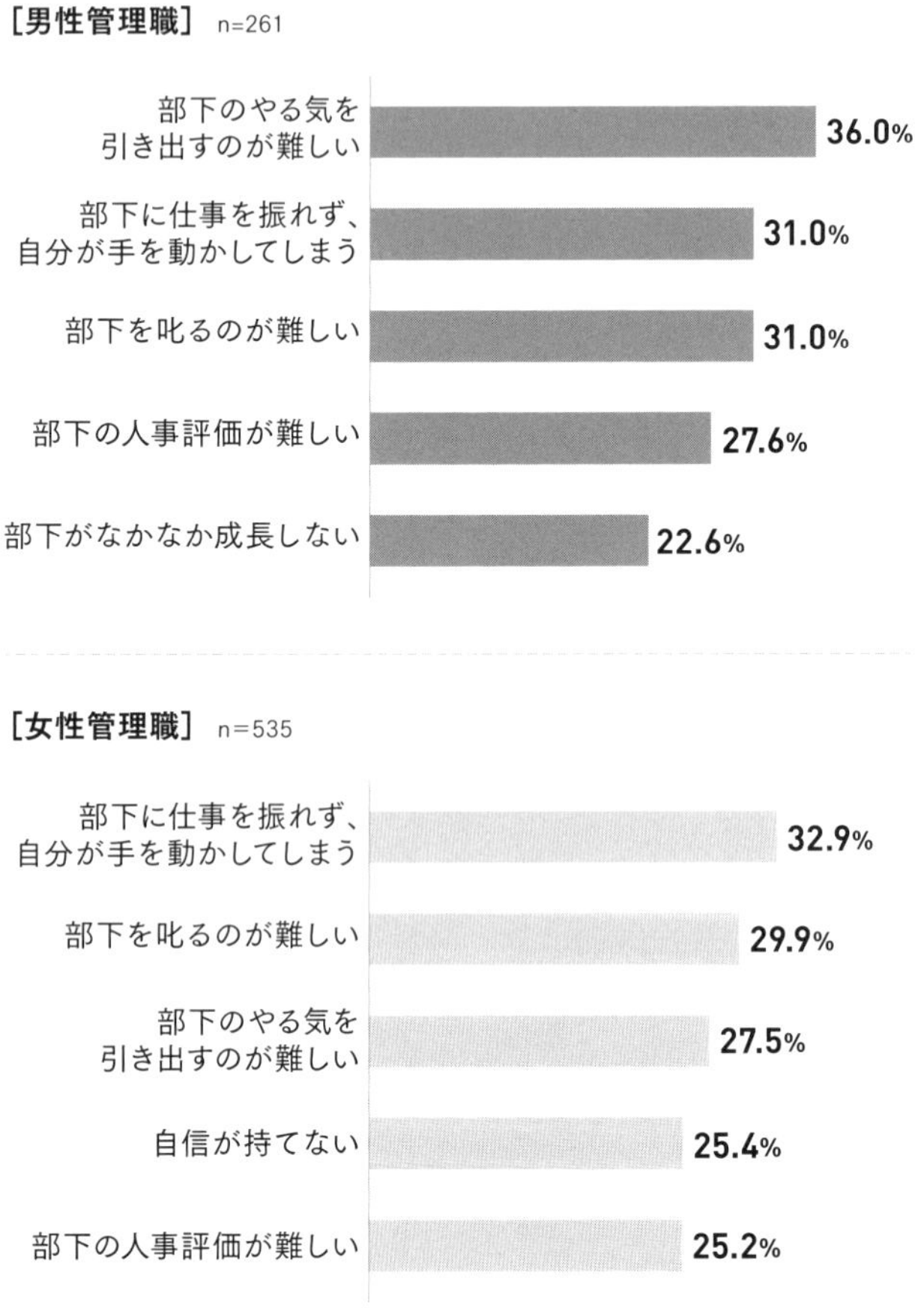

出典:日経クロスウーマン「男性の働き方に関するアンケート」（2023年10月25日～11月26日、有効回答数589）、「女性のキャリア（働き方）に関するアンケート2023」（2023年10月23日～11月26日、有効回答数2926）。ともに日経クロスウーマン、日経ビジネス電子版のメルマガ読者などを対象にインターネット上で実施。有効回答の中から課長相当職以上（男性=261人、女性=535人）の回答を抜粋

部下の育成に悩む人のほうが圧倒的に多いことが分かりました。

が上位に来ると予想していたそうです。しかし蓋を開けてみると、残業に悩んでいると答えた人よりも、部下の育成に悩む人のほうが圧倒的に多いことが分かりました。

先に示したような社会の変化のなか、若い部下を持たされる管理職が悩むのは当たり前のこと。決して、あなた1人の悩みではない。日本中の管理職が悩んでいる。そして同時に、働き始めたばかりの若手たちも、とまどい、不安に思っているのが現状ではないでしょうか。

管理職が求める「横のつながり」と「相談相手」

「部下とうまくコミュニケーションが取れない」。こう悩む管理職のために必要なものは何か。同じく日経クロスウーマンのアンケートデータを見てみましょう。これは女性のみのデータになってしまいますが、「管理職（課長職以上）への昇進を後押しするものは？」という質問に対する、管理職自身の回答をまとめたものです。「上司や経営層からのサポートする雰囲気や体制」「ネットワークづくり」「メンター制度」などの、対人的なサポートや人脈づくりを求める声が目立つことが分かります。

ここから読み取れるのは、管理職の「孤独」。1人で奮闘させられている姿です。だから、知識と経験が豊富な先輩社員や相談相手（メンター）が欲しい。また、同じ悩みを共有する人たちとのネットワーキングが求められるのです。

つまるところ、**「部下が分からない」という問題は、部下への対処療法ではなく、管理職を孤独にさせない仕組みづくりが大切なのでしょう。**

これは私も強く感じます。管理職に向けたセミナーを開催すると、同じ悩みを抱える管理職の皆さん同士が、積極的に話し合い、共感し合っている姿を何度も見ました。管理職を孤独にさせないこと。心理的安全性を担保しつつ、

Q.管理職（課長職以上）への昇進を後押しするものは？（複数回答）

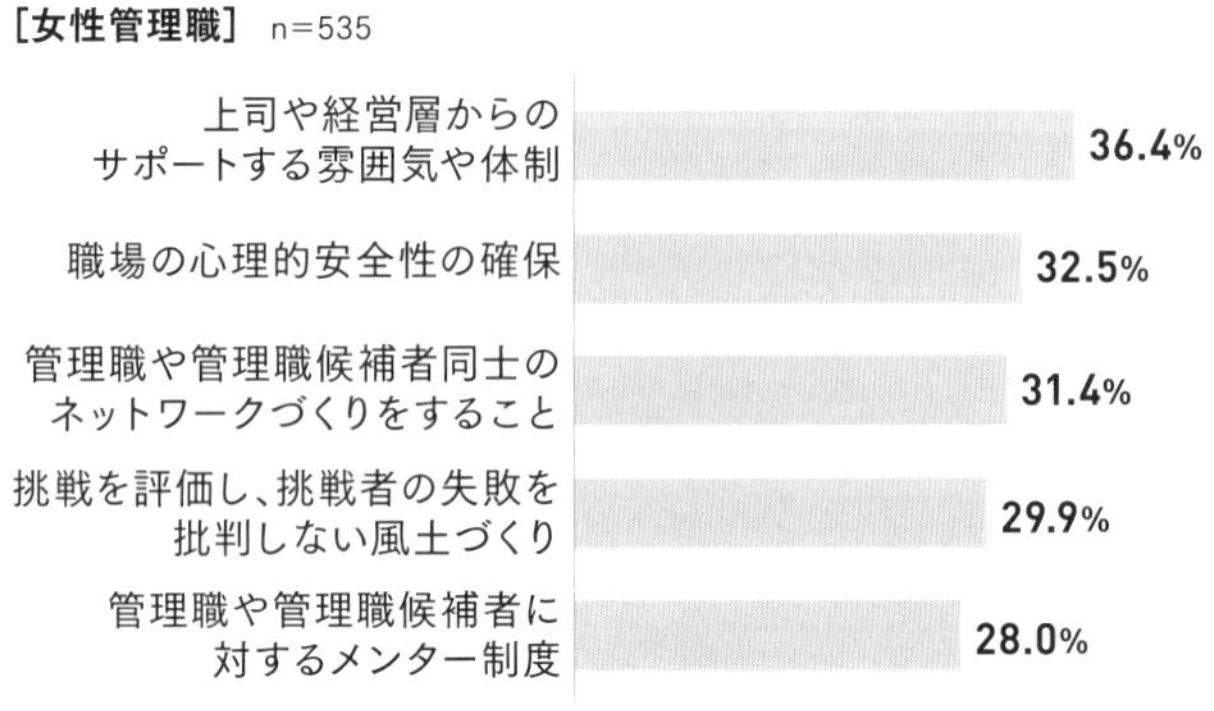

出典：日経クロスウーマン「女性のキャリア（働き方）に関するアンケート2023」

悩みや不安や愚痴を言えて、一緒に解決策を考えていけるようなシステムの構築。これが今最も必要とされるものだと、私は考えています。

部下の育成を抱え込み、孤軍奮闘する必要はもうありません。若手を動かし、チームのパフォーマンスを上げるには、まず若手の心理を知ることから始めましょう。目の前の相手に「響く言葉」が分かれば、あなたが本当に伝えなくてはいけない内容が、しっかりと相手の心に届くはずです。「果たして伝わっているのだろうか」と不安に感じたり、「パワハラだと思われたらどうしよう」などとビクビクしたりする必要はないのです。

1人で悩まなくても大丈夫。一緒にこの本で学んでいきましょう。

第2章

「自分で考えて動く若手」をどう育てるか

Case
6

若手から
ホウ・レン・ソウがなく、
仕事の進捗が分かりません

お悩みへの
Answer

ホウ・レン・ソウは「会社のため」ではなく
「君のため」だと教えよう

▼「締め切りって、延ばせないんですか？」

若手が動かない理由の1つに、ミドル世代が当たり前だと思っているビジネス習慣を知らない、という可能性があります。その存在は知っていても、**ビジネス上の役割、重要性、守れなかったときの過失の大きさなどまではイメージができていない。**こちらが「当たり前」と思っていることを、現場の業務とひもづけてしっかりと言語化しなければいけません。いやはやリーダーの役割は増えるばかりです。

ある会社で研修をしていたときのこと。管理職がこんな悩みを相談してきました。

「恥ずかしい話ですが、私の部下が全く仕事の状況を報告してこないんです。急かすと圧迫とかパワハラとか言われそうな気がして、じっと待っていたんですね。しかし、得意先に企画書を持っていく数日前にも見せにこない。さすがに心配になって、見せてもらうと、半分もできてないんです。

『○○さん、明日が締め切りだと言ってたこと、忘れたの？』と言うと、**『締め切り？ それ、延ばせないんですか？』と真面目な顔で言ってきた。**『締め切りっていうのは、決まっているから締め切りなんです』と言うと、『でも、ここまでしかできてないのに、どうするんですか』と逆に質問されたんです。こういう経験は初めてで、さすがにショックでした。何より、**自分自身で『締め切り』が言語化できないことにも驚きました。当たり前過ぎてうまく説明できなかったんです**」

「締め切り」とは、「前もって決まっている約束の時間」のこと。多分、部下も辞書的な意味は知っていたでしょう。しかし、それがビジネス上いかに大事で、守らないとどういう結果になるかということがよく分かっていなかった。なんでも自分軸で考える人から見れば、「私がまだ書けていないんだから、締め切りのほうを延ばすべきだ。それを交渉してほしい」という気分なのでしょう。

また、チャットでの仕事のやり取りが増えたことで、**チャットの短い文章の中で報告した気になっている人もいます。**

上司が部下に問うと、

「あれ、もう報告しました。読んでいないのですか？」

と言われる。チャットを再確認してみると、

「月曜午前中になります」

と、金曜日の夕方までの約束が守れず、月曜日になることがサラッと書き込まれていたりすることがあるといいます。これなど報告のルールが社内で徹底されていない表れでしょう。

▼「報告＝自分にメリットがある」と分かってもらう

しかし、自分の若い頃を考えると、「当たり前のビジネス習慣」が分かって行動していたとは思えません。「週報」や「月報」を書くのが面倒で仕方がなかった。

「なんで、こんなものを書かなくてはいけないんだ。どうせ誰も読んでいないだろうし、結果が出たときや、失敗しそうなときだけちゃんと報告すれば十分。こういう儀式めいた雑用やっている時間ないんだよなぁ」

という気持ちで適当に書いていました。

この仕事の重要性が分かったのは、部長になって部下の成果、行動をチェックして自分が報告する立場になったときです。日々の業務を記した「週報」「月報」が、仕事の割り振り、人事、ひいては報酬にまでこんなに影響するものなのかと、初めて知りました。ここに至って、部下に「『月報』、必ず書いてね、お願いします」と懇願するようになったのです。

若手は、「ホウ（報告）・レン（連絡）・ソウ（相談）」の意味は知っていても、その重要性までは理解できていないのかもしれません。しかし、リモートワークが増え、会社で顔を合わせる機会が少なくなった今は、「ホウ・レン・ソウ」＝「存在証明」のようなものです。まずは、これがいかに重要で、自分の評価にどうつながっているのかを分かってもらうことです。

「毎日の報告書を出さないと、君は存在しないのと同じにされてしまうんだよ。君を守るために、ホウ・レン・ソウは必要なんだ」

ポイントは**「会社や上司のため」ではなく「君のため」というメッセージにすること。**「出したほうが君にメリットがある」と伝えたほうが、聞く耳を持ってもらえます。

実は私も若い頃、上司から「報告書を出すのは、君の給料を上げるためだ」と言われたことがあります。「報告書をきちんと出すことが回り回って、君の評価につながる」と言われて、真面目に取り組むようになりました。相手にとってのメリットを一から説明し、自分ごと化してもらうことが必要です。

▼若手のタイプ別・攻略法は3パターン

さて、「ホウ・レン・ソウ」の自分ごと化はできたとします。しかし、それでも実行しない理由は何でしょうか。これは本人の性格と深く関わっています。大きくは3パターンあります。

1つめは、**ビジネスに不慣れで、「ホウ・レン・ソウ」のやり方、実行するタイミングが分かっていないヒヨコ社員。**これは、赤ちゃんを育てる要領で、幾度も声をかけ、やり方を教え、「できた、できた」

と褒めていく必要がある。手間はかかりますが、素直なぶん、癖さえつけばできるようになります。

2つめは、**「完璧主義者」**。できていない部分を見せるのが嫌い。非常に真面目ですが、頑固です。プライドも高い。こういう人には、**「あくまで途中経過を教えてね。6割くらいでいいから、今週中に見せて(教えて)」**と、期限と出来具合を示すこと。「途中でいいんだ」という言い訳が自分の中でできれば、途中経過を教えることに躊躇《ちゅうちょ》しなくなるでしょう。

最後は、**返事だけはいいけれど、全くやらないタイプ。**こういう若手には、自分の言葉で自分に約束させます。報告書なら、**「いつまでなら、書き上がるかな」**と尋ねて、**若手の口から「今週中に書きます」と言わせる。**自分の口から出た言葉には責任感と、できなかったときの罪悪感が宿るもの。それを繰り返すことで、習慣化していきます。

「それでも報告してこない」あなたの部署の若手はどのタイプ?

報告の仕方が分からない
ヒヨコ社員
↓
やり方から丁寧に指導して、できたら褒める

途中経過は見せたくない
完璧主義者
↓
「6割くらいでいいから今週中に見せて」と声かけ

返事だけはいいが
全く実行せず
↓
「いつまでならできる？」と聞いて
本人に期限を言わせる

他にも、ゲーム感覚で報告を習慣化する方法もあります。私の上司にサッカーが好きな人がいました。そのチームでは、サッカーにちなんだローカルルールが決まっていました。

ルールを破ったときは、レッドカード
警告2回までは、イエローカード
賞賛に値する行為は、グリーンカード

レッドカードを出されてもすぐに査定に響くわけではありませんが、心象は悪くなる。その代わりグリーンカードをもらうとうれしいものでした。当時は、社内メールでこの色が個々に送られてきた。こうして**「報告の見える化」をすることでチーム風土をつくっていくのも1つの方法でしょう。**

とにかく、自分たちが新人だった時代に比べて、ビジネスの習慣化には恐ろしく手間がかかります。これは、どこの業界のどの層でも同じこと。言い換えれば、あなたのせいでも若手のせいでもなく、こういう時代を生きているということなんです。

まとめ

報告の重要性を「自分ごと化」してもらう言葉かけが必要

Case 7

何度教えても、数日たつと同じことを質問されます

お悩みへのAnswer

「20分で40%忘れる」ことを前提に、メモの重要性を教える

▼「何度も質問する私は積極的！」と思っているかも？

何度同じことを教えても、数日たつと「分からない」と聞いてくる。あるいは、何度も注意していることが一向に直らない。そんな若手に対して、

「これ、この前も言ったよね。何度も同じこと言わせないでよ！」

と感情的になる気持ちは分かります。しかし、それを言ってはいけません。**すべての会話は、負の感情を先に爆発させたほうが負けです。**若手は、何度も質問するのが悪いことだと思っていない可能性もあります。実際、大学で学生を指導していると何度も同じ質問をしてきます。「先生は、分からないことを教えるのが『当たり前』で、何度も質問する私は『積極的な人間』」などと無邪気に考えている人も多い。学校も、学生の質問には粘り強く答えることを推奨しています。

彼らは、気軽に教えてもらおうとする自分の態度に疑問をあまり持っていない。だから、こちらが

感情的な言葉を発すると、驚いて凹んでしまうこともあるのです。

▼メモの効用を、相手のメリット中心に伝える

ここでの解決策もやはり「当たり前のビジネス習慣を教える」です。仕事を覚えるときの基本は、メモを取ること。しかし、この基本ができていない若手は意外と多いものです。メモをしたつもりでも、重要なポイントが抜け落ちていることもあります。どうすれば、「後から役立つメモ」を取ってもらえるのか。「メモしてね」の後に、こんな言葉を付け加えてみてください。

「人の記憶は、20分で40%、消える。24時間で70%、消える。仕事は、どれだけ記憶できるかの勝負なんだ」

これは、私が広告会社に就職が決まったとき、アルバイト先のテレビ局のディレクターがかけて

くれた言葉です。

後からドイツの心理学者ヘルマン・エビングハウスの研究によるものだと知りました。おかげで私は、「20分で40％の記憶が消えること」を前提に、今日まで仕事をしてきています。自分の記憶力なんて、あてにならないものだと。そのことを若手にも伝えた上で、

「話を聞くときにはメモしよう。メモに書けば、同じところを忘れて困ったりしないから、あなたにとっても仕事がぐっとはかどるはず」

と、相手のメリットを中心に必要性を説きましょう。ここまですれば、相手も「あぁ、簡単に

エビングハウスの忘却曲線

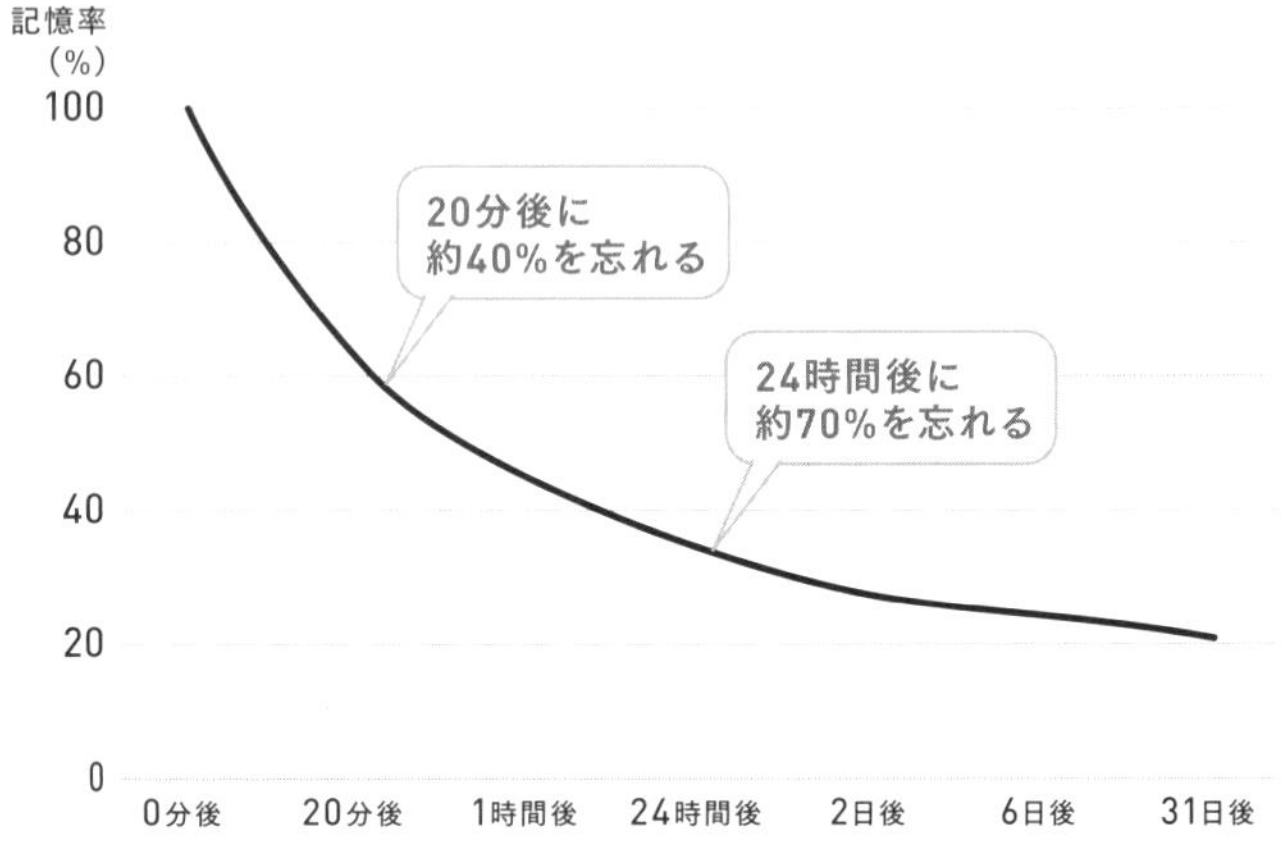

注：『記憶について　実験心理学への貢献』ヘルマン・エビングハウス著、宇津木保訳、望月衛閲（誠信書房）を基に筆者作成

質問に行けないんだな」と気づきます。質問に行くときの罪悪感が、ちょっぴり生まれるはずです。

若手に、「自分の話を聞くときは、必ずメモをとるように」と言う。そのメモを通してやり取りをしていくうちに、無邪気な質問は減っていくはずです。

▼報告書も企画書も、ラブレターだ

広告会社では、「商品コピーは、生活者へのラブレターだ」と教えます。私も企業研修の場で、「報告書も企画書も、すべては読んでもらう人へのラブレターだ」と教えます。チャットでも、メールでも、「心を込める」ことの大切は変わりません。

では、メモは、誰に対するラブレターなのでしょうか。

それは、**20分後に40％、24時間後に70％を忘れてしまう自分へのラブレターなのです。**

「汚い字でも大丈夫か？」「図で書いたほうが分かりやすいのでは？」など、書き方で注意すべき点はいろいろあります。しかし大切なことは、24時間後の自分にしっかり思いが伝わるラブレターになっているかどうか。そのために、おすすめなのが、4色ペンを使って色分けする方法です。

私は仲良くしていた学生が就職する際、お祝いに贈る品を「4色ボールペン」と「メモ帳」に決めています。普段は黒で書き、重要ポイントは赤、イマイチ分からないところは青、個人的な見解は緑、そんなふうに決めて使ってみる。必要なら、スマホで撮影して画像に残すのもいいでしょう。

「メモは、未来の自分へのラブレターなんだよ」

とにかく、**未来の自分にとってメリットになることを、メモに残す。**これが成長の糧になることを、若手にも伝えてほしいのです。

▼若手指導に使える「返報性の法則」

大学の講義をパソコンやスマホでメモし、卒業論文もスマホで書く若い世代。手書きそのものを敬遠する人も多いでしょう。しかし、手書きのほうが、漢字を思い出し、バランスなどを気にすることで「考えながら書く」ことができ、記憶の定着が期待できます。スケッチや図、感じたことをランダムに書き込める自由度の高さもあります。

手書きの良さについて若手に語ることで、会話も進むかもしれません。そのときお手本になるあなたのメモ書きがあると相手との距離を縮めることも可能です。

もし、相手との距離が十分に縮まっているなら、「よかったら、使ってみて」と、4色ボールペンとメモ帳をプレゼントするのもいいでしょう。これには心理学的な裏付けもあります。**「返報性の法則」といって、相手から何かをしてもらったときに「お返しをしないと気が済まない」と感じる心理が働くものなのです。**だから、ボールペンやメモ帳に限らず、「大阪のおばちゃん」よろしく「飴ちゃん」1つあげるだけでも、人間関係は変化する。ビジネスライクでは片づけられない人の心理をうまく使って、若手の指導にあたってみましょう。

まとめ

「メモ帳とボールペン」を入り口に、気づきと行動の変化を促そう

Case
8

指示されるまで自分から動こうとしません

お悩みへの
Answer

動けない人は「分からない+怖い」の塊。催促するのは逆効果

▼あなたもかつては「指示待ち族」だったのでは？

「指示待ち族」という言葉、いつ頃から使われていたか知っていますか？ 実は1981年に、すでに使われていました。今の若い世代だけでなく、あなたも、あなたの上司どころか、会社の幹部の多くも、若い頃には「指示待ち族」と言われていた可能性があります。**まずは、今の若者を嘆く以前に、自分が若かった頃、指示を待っていなかったか。自ら動き出せなかった理由はどこにあるか、考えてみましょう。**

私も「指示待ち族」でした。それもかなり長い期間、多分、部長になるまで人の指示を待っていました。人の上に立つ立場になると、自分がそうであったことも忘れて、部下が自発的に動かないことを嘆きました。いい加減なものです。

自分が長く「指示待ち族」だったことを振り返ると、理由は5つありました。

❶その仕事をしたくない。できるなら誰かに代わってもらいたい。
❷失敗するのが怖くて、はじめの一歩が踏み出せない。
❸仕事の内容が分かっておらず、やりたくてもできない。
❹仕事の内容は分かるけれど、どこから手をつけていいか分からない。
❺仕事のやり方が自己流なのでうまくいかない。結局、動いていないのと同じ結果になっている。

あなたの職場の「指示を待つ若手」も、この5つのパターンのどれかに当てはまるのではないでしょうか。

❶を除いては、決して「やる気」がないわけではない。本人としては焦っています。

私は、こんな状態のとき、上司から「この前頼んだ仕事、もうできた？」なんて言われると、肝がつぶれる思いでした。ビビるだけならともかく、子どもの頃に、母親から「宿題やった？」と言われるような不快感。「今、やろうと思ったのに！」という気持ちが先立って、ますますやれなくなってしまう。そんな天邪鬼《あまのじゃく》な気持ちにもなりました。たぶんこれは、多くのビジネスパーソンでも同様でしょう。**むやみに「あの仕事、終わった？」と声をかけるのは、相手を萎縮させるばかりです。**

▼「相談に来なさい」と「相談に乗るよ」は大違い

若い頃、30秒のラジオCMの原稿を任されたことがあります。上司は、私が書き方を知っているだろうと思って気安く依頼してきました。しかし、私は書いた経験がなかった。書き方も知りませんでした。**ならば「書いたことがない」と言えばいいのに、「そんなことも知らないのか？」と上司を怒らせそうで、動けませんでした。**１つも書いていない上に、夜も眠れない。書けないことよりも、怒られるのが怖くて眠れないのです。

そんなとき、見るに見かねたのか、1年上の先輩が、ストップウオッチを私の前に差し出しました。

「ラジオCMの書き方、相談に乗るよ。30秒以内に収めるのって難しいもんな」

そう言って、1年前に自分がラジオCMを作れなかったときの失敗談を交えて、作り方を教えてくれました。このときの言葉と、その人の失敗談で、私はどれほど勇気づけられたことか。

「分からないことがあったら、相談に来なさい」

と直属の上司には言われていたけれど、「分からないことが、分からない」状態で、相談に「来なさい」と言われても、自分からは怖くて行けませんでした。「相談に乗るよ」と先輩が手を差しのべてくれたことが本当にうれしかった。

自ら動くことのできない人は、「分からない＋怖い」の塊です。**それを解きほぐしてくれたのが、次の3つの要素を押さえた声かけです。**

～自ら動けない若手に対する声かけのポイント～

point 1 若手が困っていそうな箇所を具体的に示す
→「○○」が分からなければ

point 2 若手のアクションを待つのではなく、こちらから歩み寄ることを伝える
→ 相談に乗るよ

point 3 若手の理解を深めるため、自分の失敗談を交えて仕事の解説をする

この構成で話をされたことで、私は救われました。大学で教える身になった今も、なかなか論文や就職活動のエントリーシートが書けない学生たちに同じ話法を使って話しかけています。

▼若手がどんな状態でも励ましになる、2つの言葉かけ

しかし、先輩に助けてもらった後も自分から動くことができなかった私。30代後半になっても仕事に積極的とは言えませんでした。年齢が上がってくると、「この年になって分からないことを聞くわけにもいかない」などと考えてますます動けなくなる。「この仕事、向いていないなぁ」と毎日考えていました。

「あぁ、鳴かず飛ばず状態だ」。そう思っていた私が上司と1on1ミーティングをした際に、こう言われたのです。

「やる気はあるようだから、そろそろ自分の色を出すのにちょうどいい頃合いだ」

「え？　私のことを『やる気がある』と思ってくれていたの？　そうか、今が自分の色を出すべきときなんだ！」

と、承認欲求が満たされた思いでした。「やる気はある」「出遅れていたのではなく、満を持して今が自分から動き出すタイミング」という2つの励ましの言葉をもらったのです。

どんな状態であっても、

●やる気はあるようだ
●今が一番いいタイミングだ

と言われればうれしいもの。このポジティブな言葉によって、少しだけ「怖いものなし」になり、積極的に動けるようになっていきました。部長昇進の話が来たのは、それから1年もたたない頃でした。

自ら動けない理由は、その時々によって違います。だから、

×「(私ならとっくに終わっているけれど)もう、できた？」
×「(もう終わっているとばっかり思っていたのに)君、やる気あるの？」

と声をかけるのは逆効果。相手は余計萎縮してしまいます。

リーダーが歩み寄り、若手に対して心理的ハードルを下げるように工夫する。それが一番手っ取り早い「若手を動かす」方法なのです。

まとめ

動けない理由に目を向けて、萎縮した心を解きほぐそう

Case 9

「これで進めよう」とGOを出した案件を、放置されます

お悩みへのAnswer

「とにかくやって」では動かない。「やらされ感」をなくす3つの方法

▼動いたらどんな「天国」が待っている？

指示を受けたらすぐ動く。これも「当たり前のビジネス習慣」に思えますが、なぜ、すぐ動かないのでしょうか。原因は、大きく3つあります。

❶その仕事に対しての優先順位が低い
❷その仕事は、簡単にこなせると高をくくっている
❸「GOサイン」が腹落ちしていない

まずは❶の、仕事の優先順位が低いことへの対処法。**「天国をイメージさせる方法」をご紹介しましょう。**

私が長く携わっていた広告クリエイティブの仕事は、生活者に「天国」を想像させる仕事です。

「これを使ったら、きっと髪がツヤツヤになるなぁ」「このクルマを買ったら、家族全員で遠出できるなぁ」などとポジティブな変化をイメージさせます。

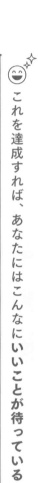

しかし、広告を作るにあたっては、ネガティブな変化も提示します。「パサパサな髪」「休みなのにどこにも行けない家族」など。**生活者にネガティブな変化をイメージさせることで、「天国」がよりよいものに思えてくるからです。**

若手の指導にも、この考え方は応用できます。ポジティブな変化とネガティブな変化をイメージしてもらうのです。

これを達成すれば、あなたにはこんなにいいことが待っている

これを達成しなければ、あなたは困ることになる

この2つをセットで伝えることで、仕事を達成したときと、できなかったときの映像が脳裏にありありと浮かぶ。具体的なイメージで対比できれば、相手の中でおのずとその仕事の優先順位は上がります。

こんな感じで、伝えましょう。

ポジティブな変化

「この案件の実行計画書、週末までにお願いします。
具体的な計画が出れば、同意してくれたみんなからの評価が
爆上がりするはず！」

ネガティブな変化

「遅れると、みんな動きが取れなくて困っちゃうよ。
よろしくお願いします」

おすすめは、ポジティブな変化の中に「周囲からの評価が上がる」など、自己承認欲求を刺激する一言を盛り込むこと。また、ネガティブなイメージが「脅し」になってはいけません。あくまで、先ほどの例のようにさりげなく伝えましょう。それだけでも十分に、仕事の放置を抑止する効果があります。

▼「ふんわりイメージだけの楽観視」をやめさせるには？

❷の「その仕事は、簡単にこなせると高をくくっている人」に対しては、仕事を依頼するときに、**予想される困難や苦労を具体的に伝えておく**ことが大切です。「簡単にこなせる」と考えていること自体、「あぁ、これくらいならすぐに終わるな」と楽観視している場合が多い。他の仕事が忙しいので、「仮に遅れても言い訳が立つ」と自己判断しているケースもあります。

こうした若手に対しては、例えば

「この案件の実行計画を作る上で一番難しいところは、集客だと思う。ネットとリアルの組み合わせで、どう相乗効果を生むか。そのあたりかな」

と伝える。放置や先延ばしをする人の多くは、仕事をふわっとイメージしていて、甘く考えがちなのです。**そこで、障壁を提示する。これだけで、相手の頭にも仕事の肝や勘所が浮かんでくるはずです。**

そしてここでは必ず、障壁に対するアドバイスも添えてください。

「分からないことがあったら、Sさんに聞いてみるといい。彼女は去年、似た仕事をやって評価を上げている。もちろん、私も相談に乗るよ」

とフォローするのも忘れないことです。

▼「ビジネスに正解はない。あるのは『納得解』だけだ」

さて、❸は、「GOサイン」が出ているのに、本人が納得していないケースです。これは、私も何度も経験しました。

広告クリエイティブは、個人作業のように見えます。しかし実際には、得意先、営業、マーケティング、PR、生活者など、さまざまな意見を持つ人の合意形成の上に成り立っています。それは分かっているのですが、あまりにも自分の考えと違う形のものに、多数決で無理やり決められたような思いを何度もしました。**そのたびに「やらされ感」でいっぱいになる。ふてくされて放置したくもなりました。**

こういうとき、上司は必ず個室に私を呼び出しました。誰もいないところでリアルに意見を聞いてくれました。そこで言われたのが、

「ビジネスには、学校の試験のように正解はない。あるのはみんながどれくらい納得できるかの『納得解』だけだ。

君が納得できるには、どうすればいいか教えてもらいたい」

という言葉でした。

リーダーが若手に、どうすれば納得できるかを聞く。こうすると、多数決で負けたり、マウントをとられたりしたような感情が収まります。**自分なりの「納得解」を語ると、自己承認欲求がぐんと上がります。**そして、若手のモチベーションを上げるのがうまい上司は、若手のつたない「納得解」を仕事にも組み込むことができます。

もちろん、そこまでやるかどうかは仕事の内容や当人の個性、上司と部下の人間関係によって変わります。しかし、「GO」が出た案件を放置している人を説得するとき、

「GOは出ているが、納得できない部分があるなら教えてほしい」

とリーダーが真摯に問うことも、大切な解決策になるのです。

くれぐれも、**「決まったんだからやれ」「今さらなんだ」「みんな困っているぞ」などと言わないこと。それは自分軸の言葉でしかなく、相手が「やらされ感」いっぱいになる悪手です。**

相手の頭に、具体的なイメージが浮かぶように努める。納得できない部分を真摯に聞く。つまりは、相手の心理を考えた上での解決策を見つけていくということです。

まとめ

正論での説得はやらされ感が増すだけ。相手の心理に沿って解決策を導き出そう

Case
10

「大丈夫です」と言って
トラブルを
隠そうとします

お悩みへの
Answer

「大丈夫」はくせ者ワード。
曖昧言葉をビジネスから排除せよ

▼相手を気遣う「大丈夫」で混乱…どちらの意味？

トラブルはすぐに共有する。これも「当たり前のビジネス習慣」ですが、若手のなかにはハードルが高いと感じる人もいます。

さらに「大丈夫です」という言葉が、本音を分かりにくくしています。

教え子の学生や若い人と食事をしているときのこと。「デザート、食べる？」と尋ねると、「大丈夫です」

とにっこり笑いながら言われます。ここで悩みます。

❶まだおなかに余裕があるから、大丈夫（＝食べる）なのか。

❷ここまでの食事で満足しているから、大丈夫（＝食べない）なのか。

確認すると、正解は❷。「もう結構です」の意味で「大丈夫です」と答えていました。「いらないです」などと言うと言葉がきつ過ぎて、私が傷つくのでやわらかく表現したといいます。しかし、**この気遣いのせいで、意志疎通がすんなりできなくなっています。**

だから、若手が「大丈夫です」と言った場合は、細心の注意が必要です。もしかすると相手は、仕事を完成する見込みがあるから「大丈夫」と言っているのではなく、完成できないけれど、きつい言葉を返したくないから「大丈夫」と言っているのかもしれない。あるいは、仕事によって自分のメンタルが弱っていないかを聞かれたと勘違いして、「はい、(私のメンタルは)大丈夫です」と答えている可能性もあります。**まず、「大丈夫」という言葉がくせ者だと認識しましょう。**

相手が「大丈夫です」と言ってきたら、にっこり笑って、

「どう大丈夫なの? もう少し詳しく教えて」

と聞き返すことです。「大丈夫」という言葉に疑い深くなりましょう。

▼「ビジネスでは曖昧な言葉は避ける」を共通ルールに

「大丈夫」は、人によって使い方にかなりの差があります。若手を育てるときは、「大丈夫」という言葉が曖昧な伝わり方をすることを教えてください。**そして「大丈夫」の代わりに、ビジネスでは意思を明確に伝える言い回しを使うよう助言しましょう。**

うまくいっている場合 → 「問題ありません」

依頼を受けるとき → 「承知しました」

断るとき → 「遠慮しておきます」

※「ありがとうございます」を前につけましょう

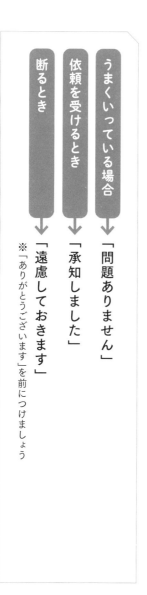

「大丈夫です」のような曖昧な言葉を使わないことをルールにしている企業はたくさんあります。日本を代表するある一流ホテルでは、「なるほど」という言葉を禁止しているとか。曖昧な上に、上から目線を感じさせる言葉でもあるからです。リーダーと若手はもちろん、人と人との意思疎通を円滑にするには、意味合いや印象に幅のある曖昧な言葉を少なくしていくことが大切です。

▼トラブルを隠そうとする人の3通りの心理とは

さて、「大丈夫です」と言ってトラブルを隠そうとする人の言葉には、3通りの心理が隠されています。

❶怒られるのが怖い！
❷私がトラブったなんて、認めたくない！
❸きっと自分で解決できる！

同じ「大丈夫です」でも、その人のキャラクターによってトラブルを隠す動機が違います。❶は

「ビクビク型」、❷は「プライド型」、❸は「のんびり型」といったところでしょうか。

しかし、本人の性格以外にも、トラブルを隠す理由は存在します。それは、「ネガティブなことを報告しづらい」職場の風土です。若手がトラブルを素直に開示しやすくするには、上司や先輩が「どんなことでも受け止める」という姿勢を見せて、それを言葉で表すことが大切です。

特に❶の「ビクビク型」は、上司など先輩社員の日頃の態度や発言にも問題があります。**まずは相手の努力や成長を認める発言から入りましょう。**

「4月にここに来た頃よりも、発言がしっかりしてきたよね」
「あれこれ調べたり、あちこちの意見を聞いたりして大変な作業をしているよね」

と、相手の承認欲求を満たしてから、本題の仕事の話に入る。そして、

「私もうっかり見過ごすことがあるから、今度は早めに報告してもらえるとうれしい」

などと、自分を一段、落とした言い方をします。すると、相手の不安を和らげることができます。

▼早めに開示することのメリットを提示

❷の「プライド型」は、そのプライドを傷つけないような言い方に努めます。

「あなたの仕事をもっと完璧にするために、私が力になれることがあるかもしれないので、今後は相談してほしい」

あくまで主人公は、相手であることを認めながら話します。

❸の「のんびり型」については、「トラブルは早めに開示して対応策を取るべき」という法則をきちんと理解し、実行してもらわないといけません。

「トラブルは1人で抱え込まなくていい。みんなで解決したほうが、あなたにとって良い結果につながる」

と、相手にとってのメリットを伝えましょう。

「そこまでやらなければいけないのか？　そもそもトラブルを報告するのは義務ではないのか？」と怒りたくなる気持ちも分かります。しかし、若い頃は、トラブルを報告する必要性や、やり方を、中堅社員ほどには知らないのが普通です。丁寧に教える必要があります。

若手がトラブルなどのネガティブな情報を開示しやすくするには、CASE2でお伝えしたように、普段から先輩社員が積極的に「失敗談」を話すことも有効な方法の1つです。「上司や先輩も、昔はこんな失敗をしてきたんだ」と分かると、若手は安心し、心を開きやすくなります。「失敗談の共有」を、社内研修プログラムに取り入れている企業もあるほどです。

「ネガティブなことを報告したら叱責される」「評価が下がる」と思うと、報告をためらいがちになるものです。若手から先輩社員までが、ビジネスに必要な情報を気兼ねなく共有でき、何でも言い合える職場環境をつくることも、成果を出すためのリーダーの大事な仕事なのです。

まとめ

受け入れる姿勢を示して「隠さなくてもいい」環境をつくろう

Case 11

仕事を任せると、
いつの間にか進む方向が
ずれていきます

お悩みへのAnswer

方向を見失う原因も「やらされ感」。
リーダーはテニスの壁になれ

▼仕事の道しるべを、若手と共有するには？

若手に仕事を任せると、いつの間にか進む方向がずれてきて、結局、軌道修正に時間がかかる…。ミドル世代の皆さんなら、経験があると思います。この原因は、大きく2つに分かれます。

❶その仕事の目的が分かっていない
❷人に指図されず、自分のやり方で進めたい

❶の場合は、上から言われたから仕方なくやっている。**心の中は「やらされ感」に満ちあふれ、この仕事の目的を考えずにやっている。**目的が分からないままだから、行き当たりばったりになり、方向がずれてしまいます。こういう人には、「目的」と「目標」をしっかり理解してもらう必要があります。

さて、「目的」と「目標」は何が違うのでしょう。

【目的】到達地点・やり遂げたいこと
【目標】目的に達するための道しるべ

図にすると、目的と目標は下のような関係になります。具体的に解説しましょう。

あなたが「夏までに体重を3キロ落としたい」と考えたとします。これだけなら単なる願望です。目的にするには、「〜のために」という具体的な到達イメージが必要です。

「Tシャツをカッコよく着るために、夏までに体重を3キロ落とす」

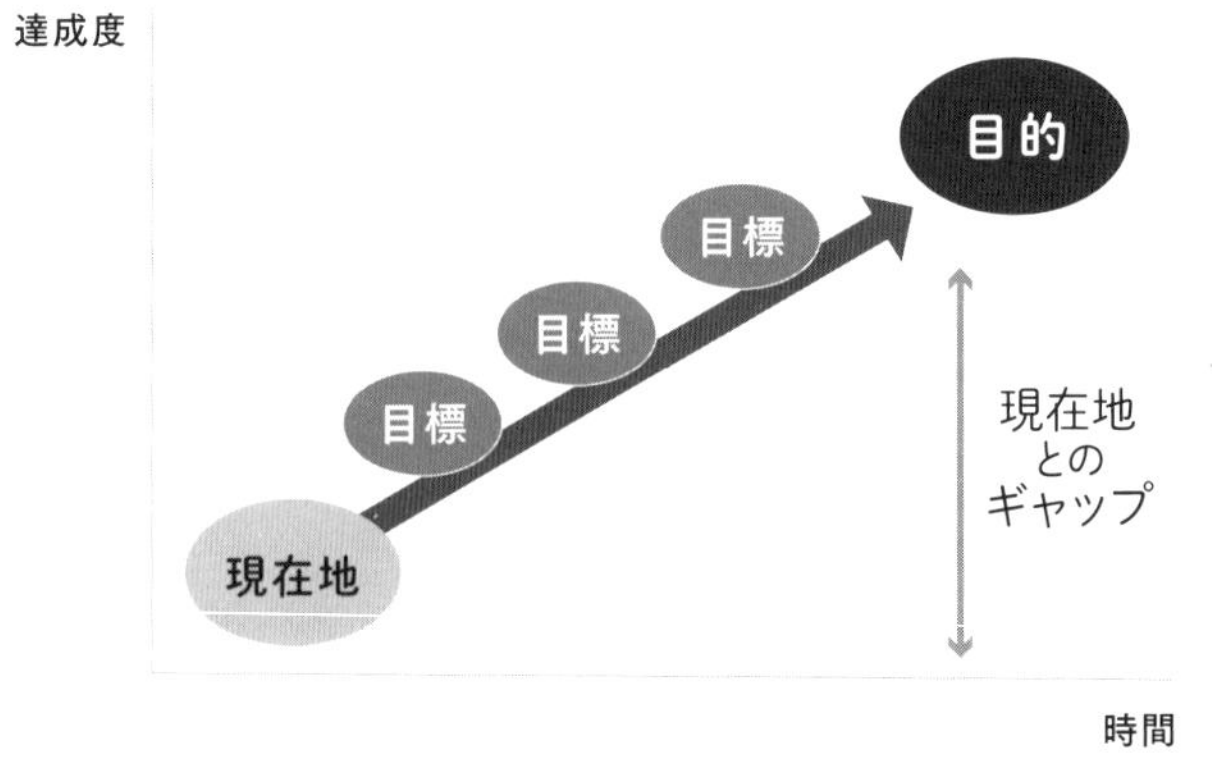

注:筆者作成

こうなると、痩せる目的、ゴールが設定されます。

次に「目標」です。「Tシャツをカッコよく着るために、夏までに体重を3キロ落とす」ために何をすればいいか。これが目標です。例えば、

●毎日、体重測定する
●毎日、1万歩歩くことを心がける
●食事のときは野菜から食べる

などといった、目的に到達するための施策が浮かんできますね。これがクリアすべき「目標」です。目標は、いくらでも変更できます。たとえ1万歩歩くのに飽きたとしても、目的はあくまで「夏までに体重を3キロ落とすこと」。だから、歩く代わりにヨガを始めても構わないわけです。

こうした「目的」と「目標」を、若手と共有するようにしましょう。

キーワード

～のために ＋ ○○する【目的】
だから ＋ △△する【目標】

Tシャツをカッコよく着る**ために**、夏までに体重を3キロ落とす。**【目的】**
だから、毎日1万歩歩く。**【目標】**

これにならって、仕事の目的と目標を設定すると、例えばこうなります。

お客さまに温かい料理を提供する**ために**、オーダー確認を正確にする。**【目的】**
だから、オーダーを受けるときはしっかり復唱して、間違っていないか確かめる。**【目標】**

このように「目的」と「目標」がしっかりすれば、仕事の全体像が見えていなかった人にも何をどうすればいいかが見えてきます。方向がずれることも少なくなるでしょう。

▼「自分の好きにやりたい」という若手に効くのは「壁打ち」

次は、❷の「人に指図されず、自分のやり方で進めたい」人です。ネット上には、若くして成功した人の投稿動画が大量に流れています。すると、「私はこんなことをしていていいのだろうか」「ちっとも自分の色を出せない」という焦りを持たされる。こうなると、**上からの指示に対してここでも「やらされ感」が出て、「私の好きなようにやらせてほしい」「一刻も早く、自分で手柄を上げたい」となってしまうわけです。**

彼らは、やる気があると同時にプライドも高い。「方向性が違うじゃないか」と言うと、「任せたのなら、私のやり方でやらせてください！」と返され、無駄なバトルが勃発してしまいます。

このような状況で私が思い出すのは、広告会社時代の上司です。CMプランナーだった私は、自分のクリエイティブを人の指図で変えられるのが嫌でたまりませんでした。変更が少しでも入ると「もう私の作品ではない」などと身勝手に思っていたのです。

こんな状況のとき、上司がこう言いました。

「君の好きなようにやってもいいが、私を壁打ちテニスの壁だと思ってアイデアをぶつけてほしい」

「壁」ですから上司の人格や主観は入っていません。上司は、「得意先のAさんにはどう説得するのか」「60代の女性にも分かるだろうか」「競合商品との差別化はできているだろうか」などと、**私が自問自答しているかのようにアイデアを打ち返してくれたのです。**自分の意見は全く挟まず、ひたすら「壁」に徹して、第三者がどう言うかをシミュレーションしてくれました。これはありがたかった。手柄はすべて私のものになる上に、**考える力がついて、視野も広がった。そして、上司は私が間違った方向に進むのを止める力にもなってくれていました。**

「人に指図されず自分のやり方で進めたい」という人は、完璧主義者でもあります。だからこそ、得意先、上司の上司、他部署の人、お客さまなどから自分の仕事がどう評価されるかを「壁打ちテニス」で自問自答することの有益性は分かってもらえるのではないでしょうか。

「上からの指示は絶対だ」という考え方は、世の中全体が、同じ方向を向いていた時代のものです。もちろん、そうしないと統制の取れない組織があるのも知った上で、**あえて「リーダーが壁打ちテニスの壁になる」ことを提案します。**私は先ほどの上司のおかげで、自分の考えや発言をまとめられるようになりました。

若手が自ら方向性のズレに気づいて、「やらされ感」なく目的に向かえるよう導く。うまく「乗せる」のも、リーダーの腕の見せどころです。

まとめ

「上からの指示」ではなく、「本人の意思」でゴールに向かわせよう

Case
12

成果物の完成度が低く、
こちら任せ。
質を高めてもらうには？

お悩みへの
Answer

目標は「20％」と低めに設定。
一緒に考え、進歩を褒める

▼「高い給料をもらってるんだから」と言われたら…

完成度が低く、できなければ先輩や上司任せ。私もこれは上司の立場で経験があります。どう考えても中途半端な企画書に対して部下に苦言を呈したところ、こう返されました。

「私にはこれが限界です。この先は、ひきたさんが考えればいいじゃないですか。その分、給料もらってるんだから」

部下は反論やイヤミではなく、「正当な論理」を語っているように見えました。カチンときましたが、この論は、ネット上によく流れています。「やりたくない仕事や自分の能力以上の仕事を押しつけてくるのは、昭和の精神論」みたいな論調。がっくりきました。

しかし、「引き受けた仕事は責任を持って仕上げるのが当たり前」などと私たちの時代の考え方を押しつけてもらちがあきません。多分、考え方を変えさせるのも現状では無理でしょう（彼らが責任ある立場になったら分かりませんが）。いったいどうすればいいのでしょうか。

▼「ひたすらまねてもらう手本」を複数用意する

何かを身につける法則は、「守破離」です。

守……決められた教えを忠実に守る
破……決められたもの以外にもいい要素を取り入れて発展させる
離……身につけてきた型から離れ、独自のスタイルをつくる

成果物の完成度が低い若手は、基礎となる「守」の部分が不足しているのではないでしょうか。

お手本があり、手順が分かり、言われた通りにやれば、一通りのものができます。まずは、**フォーマットと成果の見本をたくさん見せることが、若手の育成には必要です。**

「このフォーマットに従えば、簡単にできるよ」

と言ってあげられるものを、できる限り用意する。

「そんな都合のいい資料はありませんよ！」とあなたは言うかもしれません。しかし、**あなたが「当たり前」と思っているものも、若手にとっては貴重な資料になり得るのです。**

私が教えている大学では、リポートを提出するときに、実に細かいところまでフォーマットが設定されています。学籍番号や名前を書く位置、タイトルやサマリーを書く場所、文字の大きさ、文字数カウンターなどが丁寧に設定されていて、学生はそこに文章を流し込むだけで、論文まで完成できるようになっています。若手には、上の世代が考えるよりもずっとフォーマットが必要なのではないか。大学生を教えながら、私はいつもそう考えています。

若手が出す成果物の完成度の低さに悩むなら、従うだけである程度のものが作れるようになるフォーマットと完成イメージを、複数用意してあげましょう。

▼求める完成度は「何%」が正解?

もう一つの考え方は、若手に最初から100%の完成度を求めない、というものです。では何%を求めればいいでしょうか?

答えは「20%」です。ある企業では、

「20%できたと思ったら、見せてください」

上司がこう声を掛けるのだとか。最後に「分からないところは一緒に考えよう」と付け足します。

「完成したものを見せろ」と言えばプレッシャーになります。「できているところまで見せてね」と言えば、「できているところ」が曖昧で、どの段階で持っていけばいいのか分からない。そこで、20％と見せに来るハードルを極端に低くします。こうすると、**「その程度でいいのか」と気持ちが楽になるのと引き換えに「20％はやらなきゃいけないのか」という責任も感じる。**取り組まざるを得ない状況に持っていくことができます。

若手が作りかけの資料を持ってきたら、たとえ10％であっても、「できたポイント」を見つけて褒める。そして「できていない箇所」に関しては「どこでつまずいているのか」を質問してみましょう。

注意すべきなのは、**相手が分からない点、悩んでいる点を語ったら、すぐには答えを言わないこと。**「そうか、ここが分からなかったのか」と言った後、

「私も若手の頃にひっかかった場所だ」
「ここは毎年、みんながひっかかるんだよ」

などと言って、まずは共感する姿勢を見せます。その後で「私のときはこうした」とヒントを与えましょう。

▼若手の仕事を巻き取らない

今の時代は、言語化して1から10まで教えるマネジメントが求められます。非言語で「俺の背中を見て学べ」なんて教育は言語道断。それだけマニュアル化された時代を彼らが生きているということなのです。

20%やって、一緒に考えて、また20%進んだら、一緒に考えて、確実に進歩しているさまを褒める。時間はかかります。けれど、時間がかかるからといって、途中で自分が引き取って仕上げるのは、できるだけ避けましょう。これをしてしまうと、**「どうせ先輩（上司）が仕上げるのだから、中途半端でもいいや」という考え方を植えつけることになり、若手の仕事の完成度はいつまでも高まらず、あなたの仕事はいつまでも減りません。**最後まで本人に取り組ませましょう。

こうして一歩一歩前に進んでいく。私の経験では、これをやると若手の成長が著しく、また、先輩社員やリーダーとのコミュニケーションも良好になっていくはずです。

人間は誰だって、はじめは完成度が低いのです。進歩するには、道標となるフォーマット＝リーダーの声が必要なのです。

まとめ

「フォーマットと完成イメージ」を示し、最後まで本人に取り組ませよう

Case 13

もっと積極的にチャレンジしてほしいです

お悩みへのAnswer

始めから終わりまで任せて、やり遂げる醍醐味を知ってもらう

▼「あなたにとって面白い仕事になると思う」

30代半ばの頃のこと。私は初めて、仕事を1人で任されました。今でも忘れません。そのときに上司からこう言われたのです。

「始めから終わりまで、任す。責任は、私が取る」

任されることの恍惚と不安に身震いしたのをよく覚えています。

その後、上司と飲む機会があって、この言葉の裏話を聞きました。

「あれはね、田中角栄のまねなんだよ。高等小学校しか出ていない彼が、大蔵大臣（現・財務大臣）になった。秀才ばかりの官僚たちの前で、彼は、『なんでも言ってくれ。上司の許可を得る必要はない。できることはやる。できないことはやらない。しかし、すべての責任はこの田中角栄が背負う』と言ったんだよ。自分が部下を持ったら、これを言えるようになろうと思っていたんだ」

この言葉を聞いたとき、当時の大蔵官僚からどよめきが起きたそうです。**「やらされ感いっぱいの仕事」とは違う働きができる。そんな予感があったのではないでしょうか。**

実際、初めて1人でやった仕事は苦労も多かったけれど、面白かった。**「面白い」とは、始めから終わりまで任されて、自分で実行することなんだと実感したものです。**

「積極的にチャレンジする」ということは、1人でやる面白さを実感できること。別の言い方をすれば、「仕事を自分ごと化すること」です。ですから、かける言葉は、こうなります。

「あなたにとって面白い仕事になると思う。始めから、終わりまで自分でやってみないか」

「チャレンジしないか」と言うと、「そんな勇気も時間もありません」と言われそうです。しかし、「あなたにとって面白いと思う」と言えば、少なくともどんな仕事だろうと興味を持ってもらえるでしょう。**大切なのは、「始めから、終わりまで」という言葉。**「全部任せたから」と言うと、仕事を丸投げした感じが出てしまう。「始めから、終わりまで」は、時間の流れを感じさせると同時に、その間、責任を持ってやることを促しています。

私自身、クリエイティブディレクターという役割（コピーライターやデザイナーを束ねる立場）についたとき、この言葉を使って若いクリエーターにどんどん権限移譲していきました。まだ経験の少ない人にも、チャンスをつくりました。その際、周囲の人たちに、「彼に何かあったら相談に乗ってあげてほしい。助けてあげてください」と頭を下げて回るのも、私が上司から学んだ大切な「上司道」でした。

「そうは言っても、若手に任せると方向性がどんどんズレてしまう」「本当に自分が責任を取る羽目になったらどうしよう」と心配な人もいるでしょう。「全部任せた」といっても、丸投げするわけではありません。方向性のズレやトラブルを防ぐために、状況を把握・共有することは必要です。

そのやり方に、若手の積極性を促すコツがあるのです。

▼任せる＝部下扱いしない。「オックスブリッジ的」であれ

「始めから終わりまで任せる。責任は、私が取る」と宣言した仕事がスタートしました。さて、あなたは若手に対してどういう態度を取ればいいでしょうか。

一言で言えば、「部下扱いしない」ことです。**少し距離を取り、言葉遣いも丁寧にする。若手の「個の尊重」を態度で示します。**

これを学んだのは、私が慶応義塾大学で講義をしたときに、その様子を見ていてくれた教授の言葉からです。

「ひきたさんの教え方は、極めてオックスブリッジ的（英国のオックスフォード大学とケンブリッジ

大学を併せた言葉)だ。子どもでも学生でも、半人前の扱いをしない。4歳なら4歳の、15歳なら15歳の人生を歩んできた完璧な人間として対等に扱う。**自分が年上だから、知識があるからといって相手を未熟と見るのではなく、個性のある人間として扱う。**ひきたさんの学生に対する態度にそれを感じた」

教授がこのように言ってくれて、とてもうれしかったのを覚えています。本当のことを言えば、こちらの知識と感覚が学生たちと変わらないほど足りていなかっただけなのですが。

積極的にチャレンジを始めた若手に対しては、オックスブリッジ的であれ。頭に殻のついたピヨピヨのヒヨコではなく、立派に成長した大人として対等に扱う。だから「教える」とか「アドバイスをする」という態度を控えます。対等だからこそ、厳しいことも言えます。

▼インタビュアーがマイクを向けるように「質問」

若手に対し、「イベント会場は、もう決まりましたか」「この会場の決め手になったのはどのポイントですか」「予算は足りていますか」と、インタビュアーがマイクを向けるような質問口調で、相手の言葉を引き出す。相手の承認欲求を満たすために、うまくいっている点は、評価します。

CASE11で、若手に任せた仕事の方向性がズレるのを防ぐために「壁打ちテニスの壁になる」という方法を紹介しましたが、**全面的に若手に任せた仕事に関しては、相手もまた立派なテニスプレーヤーとして扱い、その分、少し厳しめの質問を投げるようにする。**ただし、先回りしたアドバイスはせず、

「人材確保の面で難しいことがあれば、声をかけてください」
「スケジュールが厳しいようであれば、声をかけてください」

と、**若手が悩むであろうポイントを具体的に絞ってアシストをします。**「何かあったら質問してください」というような曖昧な声かけは禁止です。初めての仕事にチャレンジしている若手は、何が分からないかさえ分からない場合がほとんどでしょうから。

若手に積極的な姿勢を促す。これはリーダーの側にも覚悟が必要です。任せる覚悟、対等な立場で接する覚悟、いいところを承認する覚悟、そして責任を取る覚悟。こういう態度を取れるようになるからこそ、リーダーも成長できる。**若手のチャレンジは、リーダーにとってもチャレンジなのです。**

まとめ

リーダーにも任せる覚悟が必要。「部下扱いせず対等に」を心がけよう

コラム

若手の育成で言ってはいけない「十大NGワード」

上司は部下にどんな声かけをするか。その言葉を探った本『人を追いつめる話し方　心をラクにする話し方』（日経BP）を書いたのは2022年のことでした。コロナ禍から立ち直り、再び会社に通勤することが当たり前になり始めた頃でした。

しかし、ほぼ1年ぶりに会社に戻ってくると、上司の言い方にカチンとくる。毎日会っているときには気にならなかった言葉が、少し離れてみると「そこまで、言わなくてもいいんじゃないの？」「何？その上から目線の言い方は？」と改めて気づいてしまった。そんな時代に調査結果をまとめて本にしました。当時、部下から嫌われた言葉を3つほど紹介しましょう。

「俺、聞いてないよ」

部下はちゃんと説明しているのに、都合が悪くなると聞いていないことにする。自分よりも先に誰かに説明していたことが判明し、嫉妬まじりに「あいつを優先したのか。俺はまだ聞いていないぞ」と言って圧をかける。ずるい人間の言葉として多くの人がこの言葉を挙げていました。

「こうなると思っていたよ」

部下が失敗した瞬間に、「俺は口が酸っぱくなるほど言っていたのに、おまえが勝手に進めたからだ。おまえの責任だ」といわんばかりの言葉が「こうなると思っていたよ」。突然はしごを外された気になると不評の集まった言葉でした。

「俺は、伸びしろがあると思うから、おまえを叱っているんだぞ」

怒っていることを正当化する言葉です。「俺が評価してやっているのだから、それに見合うように働け」という身勝手な言葉。部下のすべてを上司の尺度で測ろうとしています。げんなりしますよね。

3年前に書いた本では、相手のことを「おまえ」と呼ぶ上司が登場します。この言い方は、NGです。私の経験でも、大学生に向かって親しみを込めて「おまえさぁ…」と言ったら、きつい目で私を見て、「『おまえ』呼ばわりはやめてください。パワハラですよ」と吐き捨てられたことがあります。

バカにしないで！ 比較しないで！ 決めつけないで！

今の時代の上司は、「パワハラ」「セクハラ」になるのが怖くて、部下にどう話しかけていいか分からないと悩んでいるのではないでしょうか。こうした気持ちから、つい部下に猫なで声になってしまう。あるいは、直接叱ることを回避しようとするあまり、皮肉っぽい話し方になってしまう。若手はこうした言葉に敏感に反応しています。ここでは、若い世代が語る「言われて嫌な気持ちになる7の言葉」を紹介します。

「やる気がないの？」

経験の浅い若手は、目の前の仕事をどう進めればいいのか分からない。躊躇《ちゅうちょ》して手をつけられないでいると「やる気がないの？」と言われる。この一言で、本当に「やる気」がそがれた人も多数いることでしょう。

「〇〇さんは、できたのに」

他者と比較されるのが大嫌いな若者たち。多様性を認め合い、自分らしさを大切にする教育を受けてきた彼らは、ライバルを提示されて奮起するとは限りません。むしろ、「あの人より劣っている」とレッテル貼りされた気になってしまいます。

「普通、そんなことしないよ」

「普通」と言われても、ビジネスの常識などまだ分からないのが若手というもの。さらにその「普通」が、会社や業界の「普通」でしかなく、自分のどこが、なぜいけないのかが分からない。若手を身勝手に「常識のない人」と決めつける言葉です。

「分かった？ 納得した？」

上司が部下に説明し終わった後に発する一言。言い方のトーンによりますが、「分かった？」「納得した？」と詰められると「分かっていない自分」に罪悪感を覚えるばかりで、逆に「分かりません」が言えなくなる。「分からないことある？」と言ってほしいのに…。

「これ、前にも言ったよね」

分からないことを再度聞きに行くと、あからさまに嫌な顔をして、ため息をつかれる。「これ、前にも言ったよね」と言って、イライラし始める。これでは身動きが取れなくなり、不明なことがそのままになってしまいます。

「こう言うとパワハラになるかもしれないけどさ」

この言葉を前置きすれば、どんなパワハラ的なことを言っても許されると思っている。「問題になるから強い言葉では言えないけれど、本音はこうなんだ」という本音が、ひどいパワハラになっている。許されません。

「男だろ」「女だろ」

相手が若手かどうかにかかわらず絶対に言ってはいけないのは、男女を差別する言葉。特に若手の場合、ジェンダーに関する考え方は、上の世代とは根本的に違います。学生に「今の恋愛ドラマが面白くない点」を尋ねると、「恋愛対象が異性に限定されているところ」という答えが多数返ってきます。

◇ ◇ ◇

総じて言えるのは、**部下の気持ちの中には「バカにしないで！ 比較しないで！ 決めつけないで！」というプライドがあるということ。**私が大学で教えている学生たちは、学校をサボらず、ほぼ毎回出席し、リポートも期日までにしっかりと書いてきます。そしてやる気のある子が大半です。大切なことは、「今の若い子はダメだ」などと、決めつけないこと。若手の価値観も1人ひとり違います。尊重して向き合いたいですね。

第3章

「不満げな若手」を腹落ちさせて動かす言葉

Case 14

傾聴を心がけると
「指示がない」
「方向性が見えない」と言われます

お悩みへの Answer

「あなたならどう動く？」

若手自身に方向を提案させよう

▼傾聴とは、相手の話を要約する力のこと

一方的に指示を出してはいけない、こちらのやり方を押しつけてはいけない…と、面談などで積極的に若手の話を聞いている人もいると思います。一方で、ビジネスの経験が浅い若手は、まだ分からないことも多く、先輩からの「助言」や「指示」を求めています。話を聞くことはもちろん大事ですが、それだけでは、若手が「どうすればいいか分からない」と不安を感じてしまう可能性もあります。

では、どんな聞き方をすればいいのでしょうか。

ある会社の人事の採用担当の方と、「グループディスカッション」について話をしました。

「どういう人が採用される傾向にあるか。それは、人の話をよく聞く人なんです。しかし、ただ聞けばいいというものではない。全員の意見を聞いて、話を要約し、『つまりこのグループでは、こ

ういうディスカッションがされた』と短く語る力のある学生。**傾聴とは、ただ聞くことではありません。話を要約できる力のことを言うんです**」

就活におけるこうした傾向は学生たちにも浸透しており、グループディスカッションの役割分担で、要約力が発揮しやすい「書記係」に手を挙げる学生が多いと聞きます。

あなたの「傾聴」は、相手の話を一生懸命聞くことに留まっていないでしょうか。傾聴する努力は大切なことです。しかし、**若手にはあなたの傾聴が「ただ黙っているだけ」と受け取られているのかもしれません。**

傾聴とは、相手の話を要約することです。

「あなたが言いたいのは、こういうことですね」

「あなたの話を要約すると、この3点が大事ということかな」

と、相手の話を要約して返してあげる。人間は、自分の話をよく聞いてくれる人に共感するようにできています。承認欲求が満たされた気持ちになるものです。

「相手の話を要約する」テクニックは、すぐに身につきます。人の話を聞いているとき、動画やドラマを見ているとき、読書などの機会をとらえて、

「つまり、こういうことが言いたいんだ」

と言いながら、要約することを心がける。うまくまとまらなくても構いません。続けているうちに、脳に「要約する癖」がついてきます。要約が習慣化するのです。このトレーニングは、傾聴力を鍛える上でも極めて有効です。

▼「何をやるべきか」を本人に語らせる

相手の話を要約した時点で、相手は承認欲求も満たされ、自分の考えも整理されているでしょう。

次の問題は、「指示がない」「方向性が見えない」と言われる点です。これをクリアしましょう。

「指示がない」「方向性が見えない」とは言うものの、いざこちらが明確に指示し、方向性を決めると「やらされ感が強い」「命令がプレッシャー」などと言われます。簡単に言えば、こうした言葉の背後には「やりたくない」という気持ちが隠れているのです。

ではいったい、どうすればいいのでしょう。

ここで役立つのが「質問力」です。問いを立て、相手の回答を引き出す力です。

相手の話を傾聴し、要約したあとすぐに、こちらから指示を出してはいけません。

まずは、相手に質問します。

「あなたの意見をまとめると、こういう感じになるよね。

じゃあ、どういうことをやればいいと思う？どっちの方向に進めばいいと思う？」

と尋ねてみる。こちらが答えを出すのではなく、相手の言葉を引き出します。

相手の意見はすでに要約されている。その上で、**どの方向に行くべきかを相手に提案させるのです。**

「やっぱり、クレームになっているお客さまの声を集めたほうがいいんじゃないでしょうか」

「Yさんの経理処理が遅いから迷惑になっているんです。早めに声をかけたほうがいいと思います」

とにかく相手の思いや考えを表に出してもらう。そうしたら、言ったことに対して、

「そうか、気がつかなかった。では、あなたにその件をお願いしたい」

と言います。**「気がつかなかった」と、相手のほうが自分よりよく考えていることを褒めた上で、「やってほしい」と言うわけです。**

人は、自分の口から発した言葉には責任を感じます。できないとちょっとした罪悪感も持つものです。「指示」や「方向性」を、上の立場の人から一方的に示すのではなく、若手に自分で語らせることによって責任を持たせる。**こうしたことを繰り返すうちに、リーダーも若手も双方の話を聞くようになり、若手の側からも提案する力がついてきます。**

▼否定してばかりの私を変えた「君ならどうする？」

若い頃の私は、考えもなしになんでも否定する人間でした。何かに対して欠点や短所を見つけては、「核心をついた」「隠れている部分を暴いた」なんて悦に入っていました。あるとき、いつもとは違うリーダーのもとで仕事をしていた折に、軽口のような批判を繰り返していると、そのリーダーに言われました。

「じゃあ、君ならどうするんだ？」

そのとき私は、**自分が批判や否定はできるけれど、提案や建設的な意見を何も言えないことに気づかされたのです。**

「あなたなら、どう動く？」

こう尋ねると、相手はその対応策を言わざるを得ません。逆質問のようなこの言葉が飛んでくると思うと、安直に「指示がない」「方向性が見えない」などと言えなくなります。

「指示がない？　じゃあ、あなたはどういう指示なら動くの？」
「方向性が見えない？
では、どういう方向性を示せばあなたは動ける？」

人は、命令された言葉には反発しますが、自分から出した言葉は守ろうとするものです。「あなたなら、どう動く？」を相手に尋ねること。日常のなかで活用してください。

まとめ

「指示」や「方向性」は上から与えるのではなく、本人に決めさせる

Case 15

気を使って軽い仕事を
回していたら
「成長できない、転職したい」と…

お悩みへの
Answer

2段階先の目標を示して
「変化している感覚」を味わわせよう

▼「人間関係も悪くないし、居心地もいい」ことが不安

まだ経験が浅いからと簡単な仕事ばかりをやらせる……。ここには落とし穴があります。最初は良くても、それが続くと若手の不満の原因になるからです。

大学を卒業し、社会人になった教え子が転職の報告に来ることがあります。理由を聞くと、ほとんどがこんな感じです。

「会社の人間関係も悪くないし、居心地もいいんです。でも、『このままでいいのかな』ってずっと不安でした。毎日同じことばかりやっていて、全然成長できない。友だちやネットの同年代を見ると、みんなすごく成長していて焦りを感じていました。このまま30歳になるのが怖くて、思い切って転職しました」

もちろん、人間関係や収入面の不満で転職する人も多くいますが、**ここ最近特に多いのが、まさに「成長できない」という理由です。**

▼人の成長に敏感「あの子はキラキラ、私はなぜこんな状態？」

では、なぜ若者たちは、「成長できない」と判断するのでしょう。その秘密が、教え子の報告の中にあります。

「人間関係も悪くないし、居心地もいい」

一見いいことのように思えますが、**これが若手にとっては不安なのです。**ここ数年、残業やパワハラ・セクハラに対する規制が厳しくなって以降、「猫なで声上司」が増えています。部下のご機嫌を猫なで声で取るばかりで、何も教えてくれない。私の教え子たちの多くは「会社で叱られたことがない」と言います。

若い世代のなかには、1つの会社にいるのは3年程度と考えている人もいます。だから、なんとなく過ごすのではなく、身につけられるスキルは最大限身につけておこうと考えます。よって、「気を使って軽い仕事ばかりを回される」ことに不満を感じてしまうのです。

「毎日同じことばかりやっていて、全然成長できない」

ネットの転職相談では「辞めたほうがいい会社」の判断材料として、「若手にルーティンワークばかりさせる」という項目が上がってきます。**成長とは、変化すること。成功とは、変化し続けること。**こう考える意欲的な若手ビジネスマンは、昨日も今日も明日も同じことをさせられることに閉口しています。「若いときにしかできない仕事がたくさんあるはずなのに、なぜこのルーティンをやらされるのだろう?」と不満を感じています。本当はルーティンワークにも意味があるのですが、うまく腹落ちできないのでしょう。

「みんなすごく成長していて焦りを感じていました」

今は、輝いている同世代の情報が、ネットですぐに見られる時代。学生時代や昔の友人たちともつながっていて、人の成長に敏感です。「あの子がキラキラしているのに、私はなぜこんな状態なんだろう」とため息をついている。**「そろそろ変わらないと後がない！」と思えば、会社側の思惑など関係なく転職の道を選びます。**

▼少しでもステップアップを実感できる仕事を任せる

上の世代から見ると、「仕事もろくにできないくせに、偉そうなことを言うな」と言いたくもなります。しかし、生成ＡＩを使えば簡単にできてしまうようなルーティンワークを人の手で行うなど、古い考え方やしきたり、慣習的な業務が残っていると、彼らは「タイパが悪い。コスパが悪い。到底、自分ごと化できない」と考える。この気持ちもよく分かります。

では、こうした若手に対してどのような声かけをすればいいのでしょうか。今回に関しては、単なる言葉がけだけでなく、若手に任せる仕事内容についても考えなくてはいけません。**ルーティンを嫌がる若者に対しては、少しでも変化のある仕事、ステップアップしている感覚を味わえる仕事を任せていくことが大事。**その上で、

「ここまでできるようになったら、次はこれをやってみようか」

と、ここまでの成長を認め、さらなるチャレンジを促す声かけが大切なのです。

この言葉も、私の体験から学んだものです。新人時代にＣＭプランナーとして大阪に赴任した私は、東京本社に比べてオフィスが小所帯で社員数が少ないこともあって、すぐにコピーを書き、ＣＭを作り、競合プレゼンのプレゼンターをやりました。自分のコピーが新聞に掲載される。するとすぐに「これが書けるようになったら、次はＣＭを作ってみろ」と言われた。さらに「海外ロケに行って鍛えてこい」と命じられて、新人の年に海外に飛びました。

ところが東京に戻ってくると、得意先の規模は大きいし、関わる人数も多い。いろんな仕事にチャレンジさせてもらえた環境から一変し、いきなりルーティン地獄に陥った。30代になる直前で、真剣に転職を考えたものです。大阪で、「ここまでできるようになったら、次はこれをやってみようか」と言ってくれた、そして新しいチャレンジをすると、懇切丁寧にやり方を教えてくれた上司は、一生の恩師です。

もちろん、ルーティンワークをやることも大切です。しかし、気を使って意図的に軽い仕事を与える必要はありません。軽い仕事ばかりがルーティンになってしまえば、必ず不満がたまります。

▼他人と比べずに個性を褒めるには？

大学で教えていて感じるのですが、今の若者は、結構、負けず嫌いです。そして真面目です。多様性を大事にする教育を受けてきたので、**「他人と比べられたくない」「自分らしさを出したい」という思いを強く持っています。**だから、若手の仕事を評価するときに、

「この仕事、○○さんらしさが出ているね」

と個性を褒める。「いいね」とか「よくできている」ではなく、丁寧さ、速さ、論理構築の巧みさ、段取り、締め切りに間に合うことなど、なんでもいいので、**「その人の長所と思えること」を褒めるのを忘れないでください。**いいリーダーとは、若手の長所・短所を分析し、長所を伸ばす提案ができる人です。成長をいち早く見つけて言語化することができれば、「成長できない」という理由で若手が転職するのを防ぐことができるようになります。

まとめ

若手は同世代と比べがち。長所を褒めて成長を実感させよう

Case
16

すぐに「できません」と言われます

お悩みへの
Answer

「できません」は相手からの防御。不安を解きほぐす方法とは

▼「忙しいところ、申し訳ない」から依頼を始める

私の尊敬する会社経営者は、社員に仕事を無茶ぶりすることで有名です。しかし、不思議なくらい仕事がうまく回っています。依頼された若い社員も「また、無茶ぶりされましたよ」と言いながら、どこかうれしそう。以前からこれが不思議でした。すると、その会社のある役員が秘密を教えてくれました。

「社長は部下に仕事を依頼するとき、『忙しいところ、ほんま、申し訳ない』『これは、君にしか頼めんのや』『やってもらえるやろか。そしたら、ほんま、助かるわぁ』と、社長とは思えないくらい低姿勢で相手を立てるんですよ。そして、相手が承諾したとき『ありがとう！』と言って深く、長くお辞儀をするんです。仕事をしてくれる人に対しての腰の低さとリスペクトがハンパじゃないんです」

「上司の命令に部下が従うのは当たり前」という態度では、若手は動きません。「ちょっといい？これ、やっといて」という雑な依頼の仕方もＮＧです。仕事を依頼するときには、「忙しいところ、

申し訳ない」という言葉から入る。**目標は、相手に「一肌脱いでもいいかな」と思わせることなのです。**

▼逃げ腰の怠け者タイプには「逆質問」が効果的

しかし読者の皆さんのなかには「低姿勢で依頼するなんて、普段からやっている。それでも若手が動かなくて困っているんだ！」という人も多いでしょう。どう対処したらいいのでしょうか。

「できません」とすぐ言う人のパターンを見ていきましょう。大きく5つに分類されます。

❶実行するだけの能力がない
❷「時間がない」など本当にできない理由がある
❸仕事へのモチベーションが低い

❹ プライドが高いので失敗が怖い

❺ 完璧にできなければいけないと思っている

❶と❷の場合、その人へのアサインをやめてすぐに別の人を探すべきでしょう。**本書で問題にするのは、❸、❹、❺の若手たちです。**

まずは❸の「仕事へのモチベーションが低い」人です。仕事が増えること自体を嫌がっている。こういう人に限って、「やる意味、あるんですか」「なんで、私なんですか」「これ以上、残業増やせません」などとへりくつをこねてきます。

こういう人に対して、見事に言い返した政治家がいました。官僚が四の五のと「やらないほうがいい理由」を言ってきたときの言葉です。

「それでもやるためには、どんな無駄を省き、どうすればできるか、教えてくれ」

相手に依頼する意思は譲らず、効果的に実行するための方法を逆質問したわけです。これに官僚が答え始めると、

「うん、君の言う通りだ。その方法で進めてほしい」

となりました。この逆質問は効果的です。

「やる意味、あるんですか」↓「なぜ、やる意味がないと思うのか教えてほしい」
「なんで、私なんですか」↓「なんで、君じゃダメなのか教えてほしい」
「これ以上、残業を増やせません」↓「どの作業を減らせば受けられるか教えてほしい」

要は、絶対に譲らない態度と、相手に「できない」の一言で逃げられると思われないようにすることが肝心なのです。

▼できなくてもプライドが傷つかない言い訳を用意

❹の「プライドが高いので失敗が怖い」人は、自信がない人でもあります。引き受けたものの、「できなかった」「失敗した」という結果になることを恐れている。だから、最初に予防線を張ってしまうのですね。私は、この手の人には、

「一度やってから、『できない』かどうかを判断しよう」

と言うことにしています。途中で「できない」と言うことを認めてあげる。投げ出してもプライドが傷つかない言い訳を与えておく。こうすることで、仕事に着手できます。このタイプは、プライドが傷つかないと思ったら最後まで遂行してくれる人が多いものです。たとえ途中でできなく

なっても「よくここまで頑張ってくれたね」というねぎらいの言葉を忘れずにかけてください。

▼並走する気持ちで依頼していることを伝える

❺の「完璧にできなければいけないと思っている」人には、依頼の仕方に注意が必要です。大ざっぱな説明で丸投げすると「これでは完璧にできない」と相手が思ってしまいます。

- この仕事をやる意味
- 何を、いつまでに、どうしてほしいのか
- この仕事をやれば、どんなメリットがあるか
- この仕事で考えられる障害は何か…　※「迷ったら相談してほしい」と必ず言い添える
- 他の人ではなぜダメなのか
- できたときに、誰からどんな賞賛の言葉をかけられるか

などなど、**できるだけ因数分解して説明することです。**「完璧」に至るまでの道筋と、リーダーであるあなたが、深く考え、並走する気持ちで依頼していることを伝えてください。

会社は「できない」「やらない」なら、給料が下がったり、配置換えがあったりするのが当然のシビアな場でもあるのです。リーダーとしては、この原点を忘れてはいけません。その上で、「忙しいところ、申し訳ない」と、腰を折り、頭を下げる姿勢で臨んでください。きっと多くの若手が、一肌脱いでくれますよ。

まとめ

「できない」は自信のなさの表れ。完遂までの道筋を丁寧に示して動かそう

Case
17

地道な作業や
雑用を嫌がられます

お悩みへの
Answer

「雑用に隠された本当の意味」と
「メリット」を語ろう

▼「経費処理は人を観察する仕事。必ず武器になる」

地道な作業や面倒なタスク、雑用などは、「つまらない上に身につくものが少ない仕事」と判断されがちです。**若い人に地味な作業などを任せたいときに、「こうした雑用は新人の仕事だ」という、上意下達の態度を取っては絶対にいけません。**彼らのなかには、

「この会社で得られるスキルはできる限り身につけて、3年後の転職に備えよう」

などと考えている人もいるからです。「雑用は新人の仕事」は、定年退職まで同じ会社で働くことを前提にした言葉のように感じられて、全く納得できないでしょう。

では、どう言えばいいのでしょうか。

地道な作業や面倒なタスク、雑用をやってもらう声かけは、

仕事の隠された意味（＝相手の隠れた欲求を満たす内容）
＋
仕事のメリット（＝この仕事で身につけられること、得すること）

を組み合わせていくことです。

以前働いていた会社に、社員の乗ったタクシー代の精算や経費処理を積極的にこなしている経理担当の女性がいました。経費処理というと、地味で退屈な作業だと考える人もいるかもしれません。

しかし、彼女は経理担当になったばかりの頃、当時の上司から、

「経費処理はお金を見る仕事ではない。人がどのようなお金の使い方をするかを観察する仕事だ。お金の使い方には人の性格が出る。**お金を通して、社内の人間を観察すれば、君が次の仕事に移るときに必ず武器になる**」

と言われたそうです。

彼女の上司は、

● **経費処理は、人を観察する仕事（＝この仕事に隠された本当の意味）**
● **人間観察は、次の仕事の武器になる（＝この仕事をやるメリット）**

を語ったわけですね。

これを、地道な仕事や面倒な作業を若手に頼むときに応用していきましょう。

【例1】
「この資料整理は、あなたのタイパを上げるトレーニングだと思ってほしい（**仕事に隠された本当の意味**）。いかに効率的に作業を進められるかを考えながらやれば、今後どんな仕事が来ても、『効率重視』を最大限に生かして対応できる（**仕事をやるメリット**）」

【例2】

「ただ単に、みんなのスケジュール調整をしてほしいと言っているわけじゃない。この作業を通して、新人のあなたの名前と顔を売るのが目的だ（**仕事に隠された本当の意味**）。あなたの存在感を高めておくことは、何をやるにも人間関係をスムーズに運ぶようにする秘訣なんだ（**仕事をやるメリット**）」

ただの「雑用」ではなく、この雑用の「隠された意味」と「具体的なメリット」をセットで語る。これくらいきめ細かく、雑用や面倒な仕事をする意義を伝えることが大切なのです。

▼「隠された意味」は、相手によって変わる

ここまで読んできた方は、「そうは言うけど、『隠された意味』を見つけるのが難しいのでは」と思われたのではないでしょうか。「雑用はただの雑用。隠された意味なんてあるのか？」と悩んでしまう人も多いかもしれません。少し解説をしておきます。

「隠された意味」といっても、その仕事の「本質」とか「真の意味」というような哲学的な話ではありません。**私たちの目的はあくまで、「言葉の力」で相手に行動変容を起こすことです。**

だから、「隠された意味」は、相手によって変わります。例えば、子どもが英語の勉強をする「隠された意味」を考えてみましょう。その子が引っ込み思案で悩んでいたら、「英語を学ぶっていうのは、世界中の誰とでも話せる度胸をつけることだ」と言う。また別の子が、友だちが少ないことを気にしていたら、「英語を学ぶっていうのは、日本ばかりを相手にせず、世界に友だちをつくることなんだ」と言ってあげる。つまり、**相手の様子を見て、「この部分が自分に足りていないと思っ**

ているだろうな」「こんなところを変えたいと思っているだろうな」と思われる点を探すのです。

今の部署が面白くないと思っている人には、「この仕事は、この部署以外の考え方を知るもの」、仕事に自信がない人には「小さな成功を重ねるきっかけ」、承認欲求の強い人には、「あなたの実力をみんなに知ってもらうこと」といったように、さまざまに変化していきます。

世の中全体が、「なんのためにこれをやらなければいけないのか」「私にどんなメリットがあるのか」などを追い求める時代であることを意識して、丁寧に語りかけてください。きっと、若手は動いてくれます。

まとめ

行動に「意味」を求める時代。相手が求める「意味」を探そう

Case 18

正論を振りかざし「論破」してばかりで、対応が面倒です

お悩みへのAnswer

正論は否定しない。相手の承認欲求を満たせば、味方にできる

▼正論を否定するのは逆効果

「論破は二流の人がやること」と、論破王のひろゆきこと西村博之氏が断言しています。私もそう思います。相手を論破して、仕事がうまく回るわけがない。周囲に「ウザい」と思われたら、職場で浮いた存在になりかねません。

ああだこうだとへりくつを述べたり、こちらの矛盾を突いてきたりして、なかなか動こうとしない人。この手の人は２つのタイプに分かれます。

❶　正論を振りかざし、こちらの曖昧な点や矛盾を突いてくるタイプ
❷　ただ口が達者で、相手を言い負かすことに快感を覚えるタイプ

❶の「正論を振りかざしてくるタイプ」は、正義感が強く、頭が切れる人です。「どうして○○という方法を取らないんですか」「このプロセスは無駄ですよね」など、自分がおかしいと思った点を

忖度することなく指摘してきます。

しかし、ビジネスは必ずしも「正論」通りには動きません。予算や人員が足りない、上層部の意向が強い…などの事情があり、制約のなかでなんとか業務を回していることも多いものです。無駄に見えたり、非効率的だと思われたりする作業も、多くは必要とされる理由があるから存在しているのです。しかし、正義感が強い人は、こうした事情を受け流すことが苦手です。

このような相手に「そんな正論は通用しない」「きれいごとばかり言うな」「君には分からない事情があるんだよ」などと反論するのは逆効果。相手から「話が通じない」と愛想を尽かされてしまいます。また「これが会社の方針なんだよ」などと言うのも、そもそも会社への忠誠心が薄く、上意下達の文化を嫌う若手にとっては効果がないでしょう。代わりにこう言うのです。

「君の言うことは全部正論だ。その正論を通せないのは、私と会社の実力不足だ」

まずは相手の正論を肯定します。すると相手は承認欲求が満たされ、自分の正当性を認められた気持ちになるでしょう。

その上で、

「君の正論が通るように私も頑張る」
「どうしたらいいか教えてほしい。一緒に頑張ろう」

と、相手の意見を求めます。相手は仕事ができるタイプですから、どうすればいいかを提案してくれるでしょう。自分の言うことを認めてもらったうえに、「一緒に頑張ろう」と言われれば、あなたのことを嫌いにもなりません。

実はこれ、政治家がよく使う論法でもあります。「何もできていないじゃないか！」と指摘する有権者に対し、「おっしゃる通り！あなたの言うことを実現するために頑張ります」と返すわけです。

相手を否定するのではなく、主張を認めて、君の味方だよと伝える。**「気づいた点はどんどん言ってほしい」と促す。**すると意外にも、この手のタイプは、あなたのいい相棒になってくれる可能性があります。そして、もし相手の「正論」が、実際に業務効率化や成績向上といった成果につながったときは、きちんと相手を評価することも忘れずに。いつか相手から「私もいろいろ勉強になりましたよ」なんて笑顔で言われる日が来るかもしれません。

▼論破好きには、「筋が通らない話」と感情で返す

問題は❷の、「相手を言い負かすことに快感を覚えるタイプ」です。

こうした若手を相手にするにはどうすればいいでしょうか。それは**「絶対に相手の土俵に上がらないこと」**です。

①口数を10分の1に減らし、相手よりもゆっくりと話す

相手の土俵に上がらないために、普段よりも口数を極端に減らします。言葉数が減ったぶん、あなたの一言の重みが増します。大切なのは、相手のリズムに乗らないこと。ケンカしている人を見ると、同じ呼吸、同じトーン、同じ語彙力で戦っています。つまり、同じ土俵の上で似たもの同士として戦っているんですね。こうした状態にならないようにすること。口数を減らし、間を十分取り、相手よりも低く落ち着いた声で話します。

②感情語で話す

相手の身勝手なロジックに対抗したところで、らちがあきません。仮にあなたが勝っても、相手は負けをなかなか認めません。忙しいあなたがこんな無益な論争に時間を費やすのはもったいないことです。そこで、**論に対しては、感情で返答する。**

「今の言い方、ちょっと悲しい気持ちになりました（傷つきました）」
「そう言われると、私だってつらくなる」

感情で返されると揚げ足の取りようがありません。相手は自分が不戦勝したようなスカッとしない気分になる。裏では「私の上司はロジカルな話ができない」とくさっているかもしれません。でも、それでいい。相手が「論破すること」がつまらないと思うようになれば、態度を変えてくるでしょう。

③ 1対1で戦わない

最後の方法は、1対1で戦わないこと。できれば大勢の人がいる前で話すように心がけましょう。周りにやり取りを聞いている人がいたほうが、論破はやりにくいのです。

また、仕事をやる目的を明確にすることも大切です。

「得意先のために」
「お客様のために」

「あなたの成長のために」

こう言えば、仕事の目的は上司を打ち負かすことではないと気づいてくれるはず。口に出して相手に伝えてみてください。

まとめ

「気づいたことは言ってほしい」と受け入れれば心強い味方にできる

コラム

「辞めます」は
若手だけの言葉じゃない！
自分が辞めたくなったら？

あなたは、会社を辞めたいと思ったことはありますか。ありますよね。それが普通なんです。

日経クロスウーマンのアンケートによれば、男性管理職の73・6％、女性管理職の87・1％が「仕事を辞めたいと思ったことがある」そうです。理由の1位は男女ともに「上司や同僚、部下との相性が悪かったとき」。つまり大半の管理職が、人間関係に悩みながら「会社を辞めたい」という思いをのみ込んで、働いているわけです。

私もかつては毎日、「辞めたい」と思っていたことがありました。朝、会社のビルを見上げて、「今日もここで1日過ごすのか」と思うと、胃が痛くなることもしょっちゅうでした。廊下で苦手な上司の姿を見て、逃げるようにトイレに駆け込んでいました。実際に、28歳のときに転職を考えて、学生時代にアルバイトをしていた会社の人を訪ねたこともあります。そのときは

Q.今までに、仕事を辞めようと思ったことがありますか？

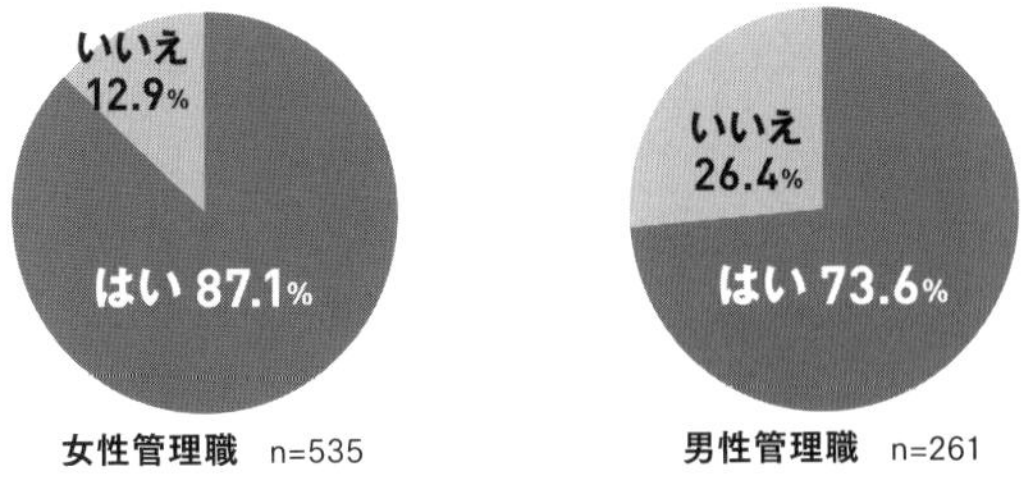

Q.それは、どんなときですか？（複数回答）

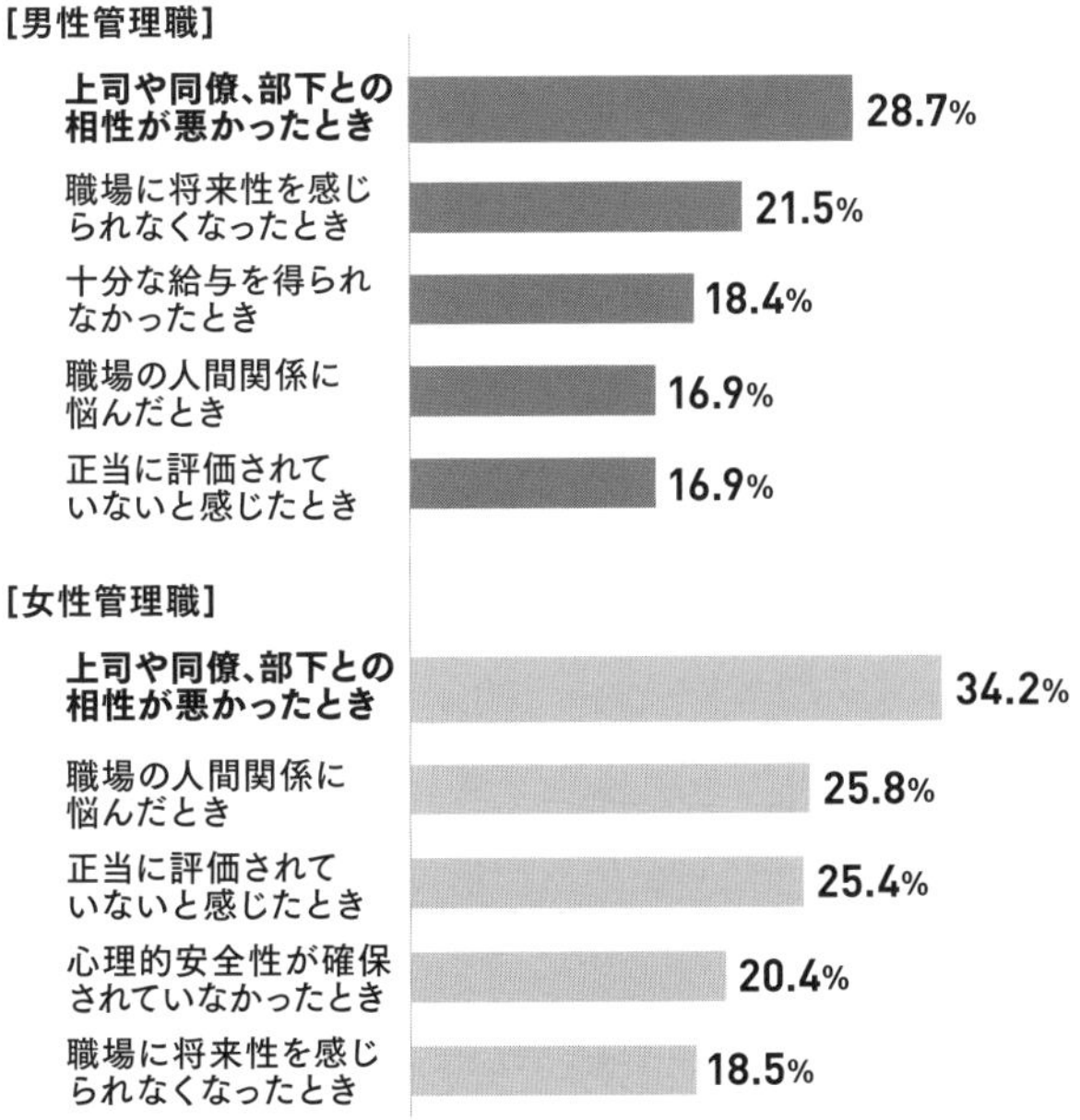

出典：日経クロスウーマン「男性の働き方に関するアンケート」「女性のキャリア（働き方）に関するアンケート2023」

「来てもいいよ。ただし、転職してよかったと思える確率は、50％だからな」

と言われました。この割合は、昔と今とでさほど変化はないようです。厚生労働省の「令和2年（2020年）転職者実態調査」によれば、**転職者の現在の勤め先に関して「満足」「やや満足」と答えた人の割合は合計で53・4％。転職はいつの時代も、いちかばちかの大勝負なんですね。**

辞めたくなったらエントリーシートを書いてみる

私がかつて大学で教えた学生たちのなかにも、就職して3年ほどたつと転職を考える人がいます。第1志望の会社に入っても転職したいと言います。「ステップアップしたい」「このままでは自分がスキルアップできない」「人間関係がうまくいかない」「仕事内容が自分に合っていない」など理由はさまざまですが、3年を過ぎると仕事も会社の人間関係も見えてくる。それと将来をてんびんにかけるのでしょう。

10年目、15年目、あるいは50歳を過ぎてから転職を志望する人も多くいます。年齢が上がるほど、「自分が本当にやりたいことを仕事にしたい」と言います。**こうした転職志望者に、私は大学時代と同じよ**

うなエントリーシートを書いてもらいます。「学生時代に一番力を入れたこと」、いわゆる「ガクチカ」に代わって「この会社にいた時代に一番力を入れたこと」、それに「自分の強み」「次の会社でどんなことを実現したいか」などを書いてもらいます。とたんに、こんな声が聞こえてきます。

「実は、この会社で何を身につけたのかが分からないんです。自分の強みといっても大したことはないように思えて…」

「今の会社に不満があるだけで、新しい職場で何をしたいかと考えると、何も思いつかない。ただ、逃げたかっただけなんでしょうか」

「結局、就活していた頃と何も変わっていない」

などと、自分を冷静に見るきっかけにつながるようです。

「会社を辞めたい」と思ったら、今の自分の「就活エントリーシート」を書いてみる。すると、この会社に入った頃の思いもよみがえってきて、一石二鳥の効果がありますよ。今の会社で培った強みが明確化し、新しい職場でやりたいことや、かなえたいライフスタイルがはっきりしたなら、転職にチャレンジするのもいいでしょう。

「会社を辞めたい」が、前向きなものであるように。自分の未来にとってよりよい選択になるように。

それを忘れずにいてほしいです。

第4章

威圧的にならず しっかり伝わる！ 注意の仕方、叱り方

Case 19

パワハラだと言われるのが怖くて、やんわりとしか指導できません

お悩みへのAnswer

「守ってほしいポイント」を絞って、事前に周知しておく

▼若手に「猫なで声」　核心を突けない発言が増加

ここ10年弱の間に「働き方改革関連法」や「改正労働施策総合推進法（パワハラ防止法）」など、働き方に関する法律が次々、施行されました。部下を持ち始めたばかりの人からその上の上司まで、会社全体が、どのように若手を指導していいか分からない…それが正直なところではないでしょうか。**「こう言うとパワハラになるかな？」と思って、言いたいことが言えない。**猫なで声でのふわふわした発言が増えるから、若手も「こんな会社で大丈夫かな」と不安になる。悪循環になってしまいます。

しかし、**本当に強く注意するだけでパワハラになるのでしょうか？**厚生労働省の「職場におけるハラスメント対策パンフレット」（2024年11月）によれば、職場におけるパワハラとは、

❶優越的な関係を背景とした言動であって、

❷業務上必要かつ相当な範囲を超えたものにより、
❸労働者の就業環境が害されるもの

であり、❶から❸までの3つの要素をすべて満たすものだとされています。さらに「客観的にみて、**業務上必要かつ相当な範囲で行われる適正な業務指示や指導については、職場におけるパワーハラスメントには該当しません**」

とも書かれています。具体的には、

「遅刻等社会的ルールを欠いた言動が見られ、再三注意してもそれが改善されない労働者に対して一定程度強く注意をする」

「その企業の業務の内容や性質等に照らして**重大な問題行動を行った労働者に対して、一定程度強く注意をする**」

代表的な言動の類型	パワハラに該当すると考えられる例	パワハラに該当しないと考えられる例
[1] 身体的な攻撃 （暴行・傷害）	①殴打、足蹴りを行う ②相手に物を投げつける	①誤ってぶつかる
[2] 精神的な攻撃 （脅迫・名誉棄損・侮辱・ひどい暴言）	①人格を否定するような言動を行う（相手の性的指向・性自認に関する侮辱的な言動を含む） ②業務の遂行に関する必要以上に長時間にわたる厳しい叱責を繰り返し行う ③他の労働者の面前における大声での威圧的な叱責を繰り返し行う ④相手の能力を否定し、罵倒するような内容の電子メール等を当該相手を含む複数の労働者宛てに送信する	①遅刻等社会的ルールを欠いた言動が見られ、再三注意してもそれが改善されない労働者に対して一定程度強く注意をする ②その企業の業務の内容や性質等に照らして重大な問題行動を行った労働者に対して、一定程度強く注意をする
[3] 人間関係からの切り離し （隔離・仲間外し・無視）	①自身の意に沿わない労働者に対して、仕事を外し、長期間にわたり、別室に隔離したり、自宅研修させたりする ②一人の労働者に対して同僚が集団で無視をし、職場で孤立させる	①新規に採用した労働者を育成するために短期間集中的に別室で研修等の教育を実施する ②懲戒規定に基づき処分を受けた労働者に対し、通常の業務に復帰させるために、その前に、一時的に別室で必要な研修を受けさせる
[4] 過大な要求 （業務上明らかに不要なことや遂行不可能なことの強制・仕事の妨害）	①長期間にわたる、肉体的苦痛を伴う過酷な環境下での勤務に直接関係のない作業を命ずる ②新卒採用者に対し、必要な教育を行わないまま到底対応できないレベルの業績目標を課し、達成できなかったことに対し厳しく叱責する ③労働者に業務とは関係のない私的な雑用の処理を強制的に行わせる	①労働者を育成するために現状よりも少し高いレベルの業務を任せる ②業務の繁忙期に、業務上の必要性から、当該業務の担当者に通常時よりも一定程度多い業務の処理を任せる
[5] 過小な要求 （業務上の合理性なく能力や経験とかけ離れた程度の低い仕事を命じることや仕事を与えないこと）	①管理職である労働者を退職させるため、誰でも遂行可能な業務を行わせる ②気にいらない労働者に対して嫌がらせのために仕事を与えない	①労働者の能力に応じて、一定程度業務内容や業務量を軽減する
[6] 個の侵害 （私的なことに過度に立ち入ること）	①労働者を職場外でも継続的に監視したり、私物の写真撮影をしたりする ②労働者の性的指向・性自認や病歴、不妊治療等の機微な個人情報について、当該労働者の了解を得ずに他の労働者に暴露する	①労働者への配慮を目的として、労働者の家族の状況等についてヒアリングを行う ②労働者の了解を得て、当該労働者の機微な個人情報（左記）について、必要な範囲で人事労務部門の担当者に伝達し、配慮を促す

■**労働者に問題行動があっても、人格否定など業務上必要かつ相当な範囲を超えた言動がなされれば、パワハラになる**

■**上表は限定列挙ではない。個別の事案の状況によって判断が異なる**

■**微妙なものも含め広く相談に対応することが、企業に求められている**

出典：「職場におけるハラスメント対策パンフレット」厚生労働省　都道府県労働局雇用環境・均等部（室）

などが、パワハラには該当しない例として挙げられています（個別事案により判断は異なる）。

ただし、パンフレットにはこうも書かれています。「労働者に問題行動があった場合であっても、**人格を否定するような言動等業務上必要かつ相当な範囲を超えた言動がなされれば、当然、職場におけるパワーハラスメントに当たり得ます**」。暴言や暴力、人格否定など、相手を傷つける行為を慎むべきなのは言うまでもありません。また、自分では許されると思って発した言葉でも相手は違う受け止め方をする可能性があるため注意が必要です。まずはこの原則をしっかり頭に入れておきましょう。

▼「ここだけは重視する」というポリシーを日頃から伝える

その上で、業務に必要な注意をどう伝えればいいのか。そもそも、声を荒げたり、普段から高圧的な態度を取ったりする必要は全くありません。私がおすすめしたいのは、普段は優しいけれど、必要な注意はしっかり伝える、「虎の尾を持つキャラクター」に変わることです。

私の知り合いに、大手メーカーの幹部Yさんがいます。笑顔を絶やさない穏やかな人で、「こんなに優しくて、部下をまとめることができるのかな」とチラッと思うこともありました。ある時打ち合わせをしていると、Yさんの部下が会議に遅れてきた。するとYさんはビシッとした声で、

「いつも私は、時間は守るように、と言っているでしょう。遅れる場合は連絡を入れてください！」

と言ったのです。部下は神妙な顔をし、頭を下げました。別の機会にその部下から話を聞くと、

「Yさん、他のことでは優しいんですけど、『時間を守る』が持論らしく、これを破ると厳しく注意されるんです。いわゆる虎の尾を踏んだ状態です」

とささやいてくれました。

これが、Yさんが多くの部下をまとめる秘訣だったんですね。「時間を守る」という持論を日頃から周りの人に伝えている。それを虎の尾にして、踏んだ人は注意する。**すると部下は、上司の優し**

い人柄の中に、厳しさを見ます。

ここのポイントは3つあります。

①虎の尾（＝曲げられないポリシー）を、普段から周囲に伝えておく

急に怒っては相手も驚いてしまいます。「この点については守ってほしい」というポイントを普段から伝えておくことで、相手がその「虎の尾」を踏んだ場合に、しっかりと注意することが可能になります。

②「虎の尾」の数は絞る

「取引先に迷惑をかけないでほしい」「完成させる前に必ず確認に来てほしい」など、「これだけは守ってほしい」と思うポイントを1～2個に絞りましょう。その際、重箱の隅をつつくような細かい内容は避けるべきです。

③「傷つきました」と言われても持論を曲げない

若手のなかには、強く注意するとすぐに「傷つきました」「辞めたいです」などと、へそを曲げる人もいます。しかし「絶対に守ってほしい」ポイントを事前に伝えていたのですから、持論を曲げず、虎の尾は虎の尾として持ち続けてください。

▼若手に効く、「外に出たときに通用できる人になってほしい」

先ほどの幹部Yさんには当時、小学生の娘さんがいました。のんびりした子で、何をやっても時間ギリギリになっていたそうです。

「私は、子どもの教育も、部下の指導もあまり変わりがないと思っているんです。要は、外に出たときに恥ずかしくない人間になってほしいということ。**部下には、社内ではなく、社外に出たときに通用する人間になってほしいと考えているんです**」

この考え方が、若手の共感を呼ぶようです。Yさんは、社内で出世する人材よりも、どこの会社でも通用する人材を育てるほうが大切だと思ってきたと言います。

「だから、時間を守るとか、服装とか、会話のマナーとか、人としての基本的なところにうるさくなってしまうんですよ」

と笑う姿を見て、「社会に通用する人間」を育てる気概が伝わってきました。

親が子どもを育てるという視点に立てば、「やんわりとしか指導できない」なんて甘っちょろいことは言っていられません。まず若手に、

「私はあなたを、この会社の中だけでなく、外に出ても立派に通用する人間になってほしいと思っている」

と宣言をする。若手が気にしているのは「同級生はもっとスキルを身につけているのではないか」とか「ネットを見ると、同じ年でキラキラしている人がいて焦る」といった気持ちに応え、「私が指導するのは、社外に出たときに役立つことだ」と分かってもらう。ミドル世代と若手が共通の目的意識を持てば、当たり障りのない指導から脱却できるのではないでしょうか。

やんわりとした指導は、法律が改正されるばかりで現場では会社の若手教育の方向が定まらないのが大きな原因です。あなたのせいではありません。こういう時期だからこそ、「会社」ではなく「社会」という単位で、1人の人間を育てる気持ちで若手に向かっていってほしい。そういうリーダーを、人生の先輩を、若手も求めているはずです。

まとめ

「会社の外でも通用する人間を育てる」気持ちで、若手に向かっていこう

Case 20

若手が大きな失敗。
再発を防ぐための、
正しい注意の仕方とは？

お悩みへのAnswer

自ら再発防止策を語るのは二流のリーダー。
一流は…

▼失敗の中の「○・△・×」を見つけよう

誰にでも分かるような大きな失敗をした若手は、「どうしよう…」とおびえ、恐怖心で心身がフリーズしています。仕事のこと以上に、上司に怒られるのが怖い。だから口数が少なくなる。**誰かのせいにしたり、自己弁護に走ったりもする。これは人間として当たり前の行動です。**

こんな状態の若手を、頭ごなしに怒鳴りつけたり、「責任をどう取るんだ？」と問い詰めたりすれば、若手はますます萎縮する。ミスが減るどころか、上司に恐怖心や敵意を抱いてしまいます。リーダーは、決して感情的にならないこと。個人攻撃、人格否定になるような言葉を投げてはいけません。

ある会社のマネジメント層から聞いた話です。この会社では、**よくできた仕事も失敗した仕事も、同じ方法で分析していました。**やり方は非常にシンプルでした。

①仕事のプロセスを紙に書き出す

成功したか失敗したかにかかわらず、仕事の始まりから現在まで、何をやってきたかを担当者はできるだけ細かく思い出し、紙に書き出す。Ａ４の紙を前に、思いつく順に、誰と何をやったか、会議でどんなやり取りがあったか、どんなアイデアが出たかを書き出す。頭の中にある「この仕事の記憶」を全部吐き出す感覚です。

②①のプロセスを○△×で評価する

①で書いた内容を見ながら、次回も継続したい事柄に○をつける。無事に終わったルーティン作業などは△。そして、失敗したやり取りや言動、態度、チェックの甘さなどには×をつける。成功した仕事の中にも反省すべき失敗点はあるし、失敗した仕事の中にも一生懸命やって成功した点がある。結果だけを見て「失敗だった」と総括せず、いい点も悪い点も洗い出します。

ここまでをやらせてから、どの項目に「○△×」がついたかを報告してもらいます。仕事のすべてを「失敗」と決めつけず、うまくやっていた点を評価しつつ、痛恨のミス、甘かった点、言動の問題など、×をつけた部分について話してもらう。この方法のいいところは3つあります。

❶いい結果の仕事、悪い結果の仕事に関係なく同じ方法を用いるので、失敗も平常心で報告できる
❷×だけでなく○の部分も報告できるので、無駄な自己弁護をしないで済む
❸お互い感情的にならずに済む

ここまでやるのが難しい場合でも、相手の失敗だけをクローズアップして、根掘り葉掘り聞くことはしない。**相手の頑張った点を認めつつ、痛恨のミスを冷静に語らせるようにします。**

ネット上では、失敗した部下への声かけについてのアドバイスがたくさん紹介されています。多くは失敗した過去よりも、「これからどうするか」と未来に向けた発言をしようと促しています。果たしてそうでしょうか。失敗の本質を分析することなく、建設的な未来を語ることなどできるのでしょうか。

日本人の悪い癖の1つに、都合の悪いことを「水に流す」行動があるといわれています。「終わったことは仕方ない」と言って許してしまう。これだから、同じ過ちを何度も起こしてしまうのではないでしょうか。未来だけを語るのは、間違いだと思います。「○△×法」のように、いいことも、悪いことも分析する。その後で、「これからどうするか」という問いが生まれてくるものです。

▼「どう動くか」を若手に言わせる

さて、分析が終わったところで、再発を防ぐ方法について考えましょう。一流のリーダーか二流のリーダーか、分かれるポイントはここにあります。

二流のリーダーは、自ら「再発防止法」を語ってしまいます。

「これからは、得意先に資料を提出する直前にもう一回、M課長にチェックしてもらうこと」

などと「教えて」しまう。これを聞くと若手には「やらされ感」だけが残ります。

一流のリーダーは、

「得意先に持っていく資料の凡ミスをなくすために、

あなたはどう動けばいいと思うか？」

と若手に「今後の動き方」を語らせます。

「自分1人だと見落としていることもあるので、最後にもう一回、M課長に見てもらいます」

などと言ってもらうように仕向ける。人間は不思議な動物で、人から聞いた言葉より、自分が発

した言葉のほうが記憶に残りやすく、行動を律することができます。失敗の再発を防ぐには、

「あなたは、どう動くか」

という質問を重ねて、本人に再発防止策を発言させるようにしましょう。

▼「分からない」と言われたら…「動詞」の入った選択肢を提示

ビジネスにおいて、最も大切な言葉は「動詞」です。「話す」「聞く」「行く」「謝る」「考える」「進む」「やめる」「続ける」「守る」…など、具体的な行動につながる言葉（動詞）によって、物事は動いていきます。これを考えると「前向きに検討する」「事態を注視する」といった政治家の答弁がいかにやる気がないものか、よく分かりますよね。

「あなたは、どう動くか」

と尋ねた後、相手がなかなか返事をしないときは、動詞の入った選択肢を提示しましょう。

「あなたは、これからどう動くの？ 得意先に**謝りに行く**か、M課長に**相談する**か、資料を**もう一度見直す**か…」

と選択肢を広げて、

「とりあえず、M課長に相談してみます」

と、本人に選ばせます。**こちらから指示するのは、効率的に思えますが、若手の成長にはつながりません。**指示待ちしかできない人を増やすだけです。

失敗は決して悪いものではなく、乗り越えることによってお互いの絆を強くすることもできます。信頼関係も生まれます。リーダーとしては、「ウエルカム・トラブル！」くらいの心持ちでいたいものです。

まとめ

怒りを表しても効果なし。「動詞の入った選択肢」を示して再発防止策を選ばせよう

Case 21

つい指示を細かく出し過ぎて、理詰めのようになってしまいます

お悩みへの Answer

「ここさえ外さなければ」という重点を絞り、残りは相手に委ねよう

▼「本当は自分がやったほうが早い」という意識がないか？

管理職として活躍する皆さんのなかには、若手に仕事を任せるのが不安で、つい細かく口を出し過ぎてしまう、という人もいるのではないでしょうか。確かに、ビジネスの現場に出たばかりの若手に、丁寧に指導することは大切です。しかし、成長し始めた若手に一から十まで指示を与え続けていると、その人のさらなる成長機会を奪うことになるばかりか、「理詰めで相手を追い込んでいる」と思われることもあるので注意が必要です。

相手がどの程度の指示を求めているかを、普段のコミュニケーションから見極めなくてはいけません。そして、「ある程度まで1人でやれそうだな」と思ったら、思い切って手を離す勇気も必要でしょう。

部長になった頃の私は、「私がやったほうが早い」という意識から抜けられずにいたなぁと今になって気づきます。部下に丁寧に指導しているつもりでいた。しかし、その「丁寧さ」は「私ならここまでやるけどね」とハードルを上げる言動でしかなかった。「ここまでやってもらわないと困るよ」と知らず知らずのうちにマウントを取りにいっていることもありました。

この過ちに気づかされたのは、小さなお子さんのいる女性管理職の受け答えを聞いているときでした。その人は、部下の言い分を十分に聞いて答えている。どうしたら、そんなにうまく部下の指導ができるのか？と聞いたところ、こう返ってきました。

「子どもを育てるときに、子どもよりも、私がやったほうが早いと手を貸していたら、子どもは成長しないでしょ。なんでもお母さんがやってくれると思うだけ。**部下の指導も同じだと思っています**」

彼女の部下指導は実にシンプルでした。

「ここさえ外さなければいいから」

と、最も重要な事項を4～5点、書き出して渡す。「これをやりなさい」ではなく「ここさえ外さなければ…」という言い方で、部下に自由度があることを示していました。

この指導法のおかげか、彼女のところからは実に面白い人材が育っていった。「自分の子どもを育てる」という意識をもとにして「自分がやったほうが早い」という思いを封印したのは、見事でした。

▼口で細かく指示するよりも、チェックリストが効果的

理詰めのような細かい指導の行き着く先は、すべての答えを自分で出してしまうこと。結局、相手に対して「私の言った通りにやればいい」という印象を与えてしまうのです。ここで見落とされがちなのは、**人と人が対話するときには「論理の文脈」のほかに「感情の文脈」が流れているということ。**「ああ、今、この人は私にイライラしてこんなことを言っているに違いない」「結局、自分のやりたいことを押しつけたいだけなんだな」「なんだ、これは。ただの自慢話じゃないか」と、相手は、「論理」の裏にある「感情」を読み取り、ネガティブな気持ちになってしまいます。

では、細かく理詰めで押し切っているように思われないように指示するには、どうすればいいでしょうか。それは、

「若手のメンツを立てる」

という思いを持つこと。つまり、**信頼しているよと示すことです。**全部を細かく指示してしまったら、若手は操り人形でしかありません。それならＡＩ（人工知能）で十分です。**人が仕事をする限り、どんなに若くて、実力を発揮できていない人でも「メンツ」がある。**細かく理詰めのように指示を出すことが、相手のやる気を失わせ、メンツをつぶすことになっていないかを常に自分でチェックしながら話すこと。これは非常に大切です。

そう意識してもなお、細かく言いたくなる場合には、口で言うのではなく、**チェックリストを作成して若手に渡す**といいでしょう。口で言うと「やらされ感」でげんなりしてしまう若手も、チェックリストを見ると「私のためにこんなに細かく書いてくれたんだ」ときっと思うはず。一度リストを渡してしまえば、何度も同じことを言わずに済むというメリットもあります。若手の「感情の文

脈」を前向きに保つためにも、できればメールなどで送るほかにプリントアウトして、「分からないことはいつでも相談に乗ります」などと手書きのメッセージを添えて渡す。人を育てるためには、こうした工夫も必要です。

▼若手の育成とは、期待以上の仕事をしてくれるようになること

上司やリーダーというのは、ビジネス上の「役職」です。常に部下よりも仕事ができる必要はありません。自分のノウハウを部下に提供するのは大切なことですが、自分のコピーロボットを作ることが部下育成ではありません。

上司が伝えた内容以上の仕事を部下がやること。その結果、部下に対して**「Mさん、こんなやり方もあるんだね。勉強になったよ」「私には、このやり方はできなかったなぁ」**と言えるような仕事になること。これが実現して初めて、部下が成長したといえます。そのためには、先輩の自分が常に上でなければいけないとか、手本を見せる必要があるとかいう気負いを捨てること。

作家の開高健さんは、

「教えるものが、教えられるのが、教育の理想である」

と言いました。若手の教育もこういう気持ちで臨みたいものです。

まとめ

若手にもメンツがある。「自分がやったほうが早い」は封印しよう

Case 22

もっと努力してほしいです

お悩みへのAnswer

「努力」ではなく「自分を磨こう」でモチベーションを上げる

▼やる気や実力を無視した、一方的な願望になっていないか？

プライベートを大事にし、終業時刻になるとさっさと帰り、有給休暇もしっかり取得。それでいてたいした成果も上げていない若手社員が、職場にいるかもしれません。残業や休日出勤も当たり前という環境で働いてきた今のミドル世代は「自分が若手の頃はもっと頑張っていたのに」と、モヤモヤした思いを抱いていることでしょう。

でも残念ながら、「自分が若い頃はもっと頑張っていた」という話は、今の若手にとってはどうでもいい話なのです。**ミドル世代もそれは分かっているから「もっと努力してほしい」と思っていても、口に出すことができません。**

どうすれば若手に努力を促すことができるのか。こんなエピソードがあります。

以前、娘が中学受験をするという同僚が、暗い顔をして私のもとに来ました。

「うちの娘、ここまでできないと思わなかった…」

と、がっくりしています。志望校など夢のまた夢。それどころか、母親の自分が働いていて日中家にいないのをいいことに、塾もサボっていたことが分かった。「仕事と子育ての両立は無理だ」と泣き出さんばかりでした。

塾の先生に相談すると「苦手な教科を小学4年生の勉強からやり直したほうがいい」と言われたそうです。塾に突き放されたと思ったけれど、彼女は負けなかった。娘と相談して4年生の算数からやり直したそうです。

「**ハードルを思い切り下げたんです。**娘にもプライドがあるから初めは嫌がっていたけれど、やってみると、分かるところが多いからスイスイ進んだ。それと、自分が分からないところを自分で発見できたらしいです」

娘さんは短期間のうちに自信を取り戻し、勉強することに面白みを感じるようになった。翌年、無事に志望校に合格したそうです。

「努力」という言葉を聞くたび、私はこの話を思い出します。**何かをやろうとするとき、私たちは、知らず知らずのうちにハードルを上げ過ぎているのではないか。**若手に「努力してほしい」と思うとき、その努力の中身には、本人のやる気や実力を無視したこちらの願望が含まれていないか。

若手に努力を望むときは、自分の思いよりもかなりハードルを下げる必要があります。

▼「3回、3分、3行」を繰り返し、壁を乗り越える

努力をする、を具体的に言えば「力をつける行動を習慣化する」となります。「習慣化」とは、コツコツと続けた結果、意識しなくてもやれるようになること。しかし、これが難しいのです。人間には、3日続けると「このままこれを続けることに意味があるのか？」とネガティブな反応が出る機能が備わっています。三日坊主で終わるのはこの機能のせいです。

では、どうすれば三日坊主を超えて、習慣化できるでしょうか。

やり方は、簡単です。先ほど書いた、「ハードルを下げること」です。

スクワットをするなら3回でいい。ジョギングをするなら3分程度早歩きをすればいい。読書だって3行読めば十分。日記の代わりに、3行程度の記録をスマホに書けば十分。「これじゃ物足りない！」という程度で終わらせる。しかも、そんな少しだけのことをできた自分をモーレツに褒める。**自分の脳に「この程度のことをやっただけで、こんなに喜んでもらえるんだ」と錯覚させ、「またやりたい！」と思う気持ちを持たせていきます。**

3回、3分、3行…自分がちょっと物足りないと思う程度で、褒める。これを繰り返すうちに、だんだんとやる回数が増えていく。たくさん書いたり、読んだりする習慣が身についてくる。若手に「努力してほしい」と思うなら、

「3行でいいから報告書出してね」

「3分でいいから、気に入ったビジネス書を読んでみて」

などと、かなりハードルを下げた努力目標を掲げ、促してみましょう。「それじゃ物足りない！」と若手が思ったら、大成功です。

▼「努力しよう」ではなく、「自分を磨こう」

実は私は「努力」という言葉が嫌いです。

諸説ありますが、「努」の字源は、「手でとらわれた女性が、力仕事をする」ことを表している。「奴隷」の「奴」と同じです。これがいつしか「力を尽くす」という意味になりました。学生時代、「努力」という字を見ると、人に強いられている気分になり、げんなりしたものです。**「努力」と言われるたびに、頑張ろうとする気分がうせていく気がしました。**

努力が足りないと思われている若手も、きっと同じ気持ちだと思います。ましてや「努力してほしい」と上から言われたら「私は、あなたの奴隷じゃない！」と思うのではないでしょうか。

「努力」は本来、人のためではなく、自分のためにするものです。自分の知性や感性や対人関係力などを磨いていくものです。だから、若手に声をかけるときは、

「あなたは、知性や感性をもっと磨いていけば、今とは全く違うレベルになるはず。私はそう確信している」

と、**あくまで「自分自身を向上するための挑戦」を促すようにしてほしいものです。**そして、若手がしっかりと自分磨きを続けていれば、

「あれ、最近、発言が深みを増してきたね」

などと褒めることも忘れずに。そのうち、おのずとハードルを上げ、当たり前のように本を読み、仕事のスキルを学ぶようになっているはずです。リーダーとしては、そこまでに育てたいものです。

さて、最後に大切なことを1つ。

若手は、上司や先輩の行動を恐ろしいほどつぶさに見ているもの。一挙手一投足まで見られていると思って間違いありません。**自分自身を常に磨いている、その姿を若手に見せてこそ、あなたの言葉に説得力が宿るのです。**毎日頑張るあなたの姿を見ている若手は、きっとあなたのように自分を磨ける人になっていくのではないでしょうか。

まとめ

相手が物足りないと思うほどハードルを下げることが、努力を促すコツ

コラム

「自分はもっと頑張っていた」「もっと強く叱りたい」…そんな思いを“成仏”させる方法

第4章では「注意の仕方、叱り方」についてお伝えしてきました。しかし、「本当にこんなに甘い伝え方でいいのか？」と思った方もいるでしょう。

「私が新人だった頃は、『バカヤロ〜！』に近い言葉を何度も言われた。理不尽な要求もあったし、残業もした。つらかったけれど、それで成長した部分も大いにある。人間、叱られなければ伸びないことだってたくさんある！」

という思いがマグマのようにあって、**ブレーキとアクセルを同時に踏んでいるような若手への言葉がけに、モヤモヤどころか、イライラしている方も多いのではないでしょうか。**その気持ちも分かります。「なんで、ここまで若手を立てなきゃいけないの？」と思う上司が日本中にいるのが現状ですね。私と一緒にこの本を作っている40代の編集者も同じ気持ちで、「なんとか私たちのこういう叫びを〝成仏〟させてほしい」と懇願されました。同世代が集まると、いつもこの話になるそうです。

しかし、これまでお伝えしてきた通り、働き方に関する法律の改正、パンデミックによる人との距離感の取り方の変化と、リモートワークなどに代表される働く環境の変化、受けてきた教育の違いなど、さまざまなファクターが重なって、ミドル世代の多くが経験してきた「昭和的な指導」が難しくなっているのは事実。残念なことに、それに代わる指導法を社会も会社も見いだせぬまま、ただ「猫なで声」で若手に接するしかないというのが現実です。

「自分が気持ちいいだけ」の曖昧なかけ声は通じない

10年前に、ニューヨークでCM映像の編集をしていたときのことです。動画の色調整をしていて、スタッフは全員アメリカ人。そこで日本人の私の上司（ディレクター）が、

「もう少しだけ、青みを足してください。足したことを感じさせない程度に」

と言いました。するとアメリカ人の編集者が、

「指示が曖昧だ。青を何%足すかを指示してくれ」

と厳しい表情で言いました。日本人には通じる「少しだけ」「足したことを感じさせない程度」という曖昧な言葉は通じない。それどころか、無能なリーダーとして軽蔑するようなまなざしを向けられる。大変印象深い体験でした。

この「日本のディレクターとアメリカの編集者」と同じような関係性が、今のミドル世代と若手の関係ではないかと思っています。

「早くしろ！」で通じたものを、「あと15分で仕上げてくれませんか？」と言う。「怠けるな」と言うところを、「今日の夕方6時までに、このポイントだけは終わらせてほしい」と言う。「もっと早めに見せなさい」と言うところを「仕上がるまでに、必ず2回見せるようにしてください」と具体的に指示をする。

昭和の体育会でやっていたような「頑張れ！」「根性を出せ！」的な、**言った側は気持ちがいいけれど、聞いたほうは何をやればいいのか分からないかけ声は、価値観の違う若い世代には通じないのです。**自分が気持ちいいだけの「昭和的なかけ声」には〝成仏〟してもらわないといけません。

本音を引き出す代わりに、「あなたの仕事のポリシーは？」

私が若い世代と話すとき、決めていることがあります。

❶昔の自慢話はしない
❷相手の持論、哲学、ポリシーを聞き出す
❸他の人の言葉を引用して話す

❶は当然のこととして、❷と❸の話をします。

まず❷です。よく「若手の本音が分からない」といいますが、若手は本音は話しません。なぜならパワハラ防止法によれば、パワハラと認定される要素の1つに「業務上必要かつ相当な範囲を超えた言動」があり、本音を話すこともそこにカテゴライズしてしまうからです。よって、上司や先輩が本音を吐露しても「それ、今の仕事に必要ですか？」と聞いてくる。それは若手が悪いのではなくて、そういう教育を受けているからなんですね。

そこで、「本音」ではなく、**「仕事に関する持論、哲学、ポリシー」をまず若手から語ってもらいます。**

先輩「あなたの仕事に関するポリシーはなんですか」

若手「うーん、定時までに効率よくやって、プライベートに支障をきたさないようにすることです」

先輩「そうなんだ。私は、相手の想像以上のサービスを提供して喜んでもらうことだな」

両者の考えは**明らかに違います。でも、この語りこそが「本音」なのです。**そして、互いのポリシーをリスペクトした上で、協業できるようにすり合わせていくことが大切です。

説教くさくならないテクニック「マンガの言葉を引用する」

❸の「他人の言葉を引用する」について。若い世代が「根性論」的なものを一切排除しているわけではありません。ネットのショート動画を見れば「仕事で成功する10の言葉」「コミュニケーション力を上げるコツ3つ」などという前向きなコンテンツが山のように流れています。彼らだって、ただ甘くてふわふわした言葉を望んでいるわけではありません。彼らが嫌がるのは「上司の」自慢話や根性論です。

彼らのなかには、ビジネス系ユーチューバーを、仕事上のアドバイスをしてくれるメンター的な存在として捉えている人もいる。そうでなくても、スマホを開けばいくらでも有名人が仕事のノウハウを解説しています。

そこで私は、若い世代と向き合うとき、自分の言葉を封印して、マンガなどから引用した言葉で答えるようにしています。

「『仕事に救われる朝もある』って、『働きマン』（安野モヨコ）の中で言っていたよ」

「『ちはやふる』(末次由紀)に出てくる北野先生が、『師を持たない人間は、誰の師にもなれんのだ』って言うんだよね。私はあなたの師にはなれないかもしれないけれど、そういう人を探すと仕事は楽しくなるよ」

などなど。ネットで格言を検索すれば、いろいろな言葉が出てきます。第三者、かつマンガという身近なものから引用した言葉なら、きっと敬遠されずに聞いてもらえます。

「自分はもっと頑張っていた」「もっと強く叱りたい」…そんな思いを〝成仏〟させる方法は、**自分が受けてきた指導法を、今に合わせてアップデートしていくこと**です。もし、どうしても〝成仏〟できないのなら、同世代と集まって昔の思い出を語ったり、昔の上司に「君はよく頑張ったよ」などと慰めてもらったりするのもいいでしょう。ただ、若手の前でそれをやってはいけません。

あなたが若手の頃に受けてきた教育法も、少し表現方法を変えるだけで、今の若手に受け入れられるものは多いのです。自信を持っていきましょう。

番外編

気難しい上司を腹落ちさせる伝え方

Case 23

「無理」「ダメ」などの否定語ばかりの上司。提案を通すには？

お悩みへのAnswer

「おうむ返し」にして、駄々をこねていることに気づかせる

▼リーダーと上司との関係を、若手はよく見ている

ミドル世代の皆さんは、若手を育成し、チームの中心となって成果を出さなくてはいけない立場です。リーダー的なポジションを担い、チームを代表して意見を述べたり、あなたの上司に向かって部下の意見を代弁したりするシーンも増えるでしょう。課長の上に部長がいるように、リーダーにも上司がおり（経営者は除く）、多くの場合、物事を進めるにはその上司の納得や理解を得る、つまり「腹落ち」してもらう必要があります。

その上司といいコミュニケーションを築けるかどうかが、ミドル世代の腕の見せどころ。**リーダーや先輩の立場であるあなたと上司の関係がギクシャクしていると、若手もそれを感じ取り、やる気をなくしてしまいます。**

しかし上司にもいろいろな人がいます。例えば、何を言っても「ダメ」「無理」などと否定してくる上司。相手があなたと旧知の仲だったら攻略法も見つかりますが、他部署から異動してきたよく

知らない人だったり、以前からそりが合わないと感じていたりする場合、どんな伝え方をすれば相手を動かすことができるのでしょうか。

▼嫌いな相手には「ふつう」というノーマルポジションを

こちらの発言を何もかも否定されると、相手のことを嫌いになってしまうかもしれません。私たちは常日頃、人を「好き・嫌い」で判断しています。どれだけ優秀な人でも、そりが合わなければ嫌い。反対に好きな人は、どんなに仕事ができなくてもなんとなく許せてしまう。「できる・できない」「損か得か」より「好き・嫌い」で人を分けてしまうところがあります。しかしこれではビジネスが立ちゆかなくなるのは、言うまでもないでしょう。

広告会社で働いていたとき、苦手な得意先の人がいました。私はその人の一言一言にイラッとしていました。それを上司に告げたところ、

「好き、嫌いで人を判断するな。**仕事をするときは『ふつう』だと思え。**何を言われても『嫌い！』と思わず、『ふつうのことですね』と自分に言い聞かせる。『好き』『嫌い』のセンサーで動かない。そうでないと、仕事は前に進まない」

「好き」「嫌い」のほかに「ふつう」という名のノーマルポジションがあることを知った。私はこれで随分楽になりました。まずは「好き」「嫌い」の判断を捨てるところから上司とは付き合いたいものです。

▼何もかも否定してくる上司、パターン別の3つの攻略法

さて、上司との関係をノーマルポジションとしたところで、相手の反応を見てみましょう。何もかも否定してくる上司の特徴は、3つあります。

❶部下のあなたを生理的に嫌悪している
❷部下を育てようとしているのだが、褒め方・任せ方を知らない
❸自信がない

まず❶の、あなたが嫌われている場合を考えましょう。先に示した通り「好き」「嫌い」でしか人を判断できない哀れな上司が、あなたを生理的に嫌悪している場合です。ただあなたの存在を否定したいだけですから、始末が悪い。こういう場合の対処法は、2つあります。

1つは、相手の否定語を声に出しておうむ返しにすること。先の章でも書いた通り、人は自分の発言を人の声で聞くと、客観的になれます。

「できない、できない。こんなのやれるわけないじゃないか!」

と言われたら

「できない、できない…やれるわけないですか…」

と、相手の言葉をそのまま返す。自分の言った言葉ですから、あなたの言葉の揚げ足を取ることができません。駄々をこねる子どものような発言をしていると、相手に気づかせる効果もあります。

もう1つは、

「会社としては、これをやらなくていいんですか？」

という返し方。意図は、

「あなたは私を嫌って否定しているのでしょうが、そのレベルの話ではなくて、会社として（部として、プロジェクトとして）やらないほうが利益になるとお考えなんでしょうか」

と少し上の視点から語るわけです。**個人攻撃に終始していた上司を目覚めさせる効果があります。**

▼「建設的な意見を出して」をどう言い換える？

次は❷の「部下を育てようとしているのだが、褒め方・任せ方を知らない」ケースです。昔、スポーツの世界では「鬼コーチ」と呼ばれるような存在がいて、褒めることをせず、欠点を指摘してその是正を促す指導法がよく用いられました。しかし最近は、欠点を指摘するよりも長所を伸ばすほうが選手の成長が早いことが分かってきた。この上司は、昔の「鬼コーチ」の時代から進化していないのでしょう。明らかに勉強不足です。

こういう上司には、

「ダメですか…でも、

どうしてもやりたいので部長のお知恵を貸してください」

と相手の懐に入る。言い換えると、

「否定ばかりしていないで、建設的な発言をしてよ！」

ということです。

「お知恵を貸してほしい」とこちらがへりくだり、相手を立てることによって、話を進めやすくします。少なくとも相手が「否定語」をまくし立てるのは止まるでしょう。

▼否定ばかりの裏に、自信のなさや不安が隠れている

❸の自信のない上司は、失敗への不安が強く、自身が責任を取らされるのを恐れています。本来、上司になるべき器ではありませんが、そんな文句を言っても仕方がありません。こうした自信のない上司には、

「みんなもやりたいと言っています」
「〇〇さんも、進めるべきだと言ってくれました」

などと、チームの皆、他部署の人たちが、すでに賛成を表明していることを告げます。こうすると、自分が否定していることをその人たちにも告げなければいけなくなる。そんな自信は、きっとないはずです。**他者を巻き込み、多くの人が肯定的だと伝えることで、否定できない状態をつくります。**

できれば、その上司が一目置いているキーパーソンなどに事前に意見を求め、賛同を取りつけておくといいでしょう。「あの人が言っているのだから大丈夫だ」と、相手も安心してくれます。

また、この手の上司は失敗への不安が強いので、**「どうすれば失敗のリスクを抑えて、うまく進められるか」という計画を、きちんと説明することも欠かせません。**「もしこういうことが起こったら、こう対処します」「この部分は不確定要素ですが、内容が見え次第ご報告します」など。相手の不安を解消することで、賛同を得られやすくなるでしょう。

「否定語」の多い上司はやっかいです。気が弱いのにプライドは高く、「否定」することでマウントを取ろうとする人が多いのも事実。毎日顔を突き合わせるのは大変でしょうが、「嫌い」ではなくて**「これでもふつうだ。こんな人はどこにでもいる」**と自分に言い聞かせ、暗示をかけてみましょう。

まとめ

「こんな人はふつうだ」と言い聞かせることで、「嫌い」の沼に入らずに済む

Case 24

指示が曖昧で
間違いも多い上司。
正確な指示を促すには？

お悩みへの
Answer

「要約すると…」の三段論法で、
上司を結論へと導こう

▼「曖昧なまま動き出す」ことが、無駄な会議を増やしている

私はさまざまな企業や行政機関で研修をしていますが、だいたいどこでも同じ課題が出てきます。その1つが、

「無駄な会議が多過ぎる」

です。なぜ、無駄な会議が多いと感じるのか。グループで話し合ってもらうと、これまた同じ答えに行き着きます。

「ゴールを明確にしないまま会議をしているから」

なんの目的で会議を行うのか。最終的にどの結論に行き着けばいいのか。「ゴール」の位置を決めないままにサッカーをしているようなものです。だから、いつも個々に報告するだけで終わり。

偉い人はそれを聞くだけで、なんら結論を出さない。そんな形骸化された会議が、業務時間を圧迫していることに多くの人が悩んでいます。

チームリーダーや管理職として活躍する皆さんにとって、時間は何より貴重なはず。若手の育成、人事評価、予算管理、チーム内で発生した突発事案の対応など、やるべきことが山ほどあります。上司の指示が曖昧なまま、会議や仕事を入れられては、たまったものではありませんね。情報不足なのか、伝え方が下手なのか、要領を得ず間違いも多い。そんな上司に正確な指示を出させるにはどうしたらいいでしょう。

▼上司の中でゴールが定まっていないことが原因

指示が曖昧な上司の多くは、行き当たりばったりで仕事をしています。「とりあえず、やってみてよ。そこから考えるから」と内心で思っている。自分の中で、この仕事をやる目的や目指すゴールが設定されていないから、ブレる。ビジョンがないから、指示も思いつきになりがちです。こう

した上司には、

「どこをゴールと考えてやればいいのですか？」

とはっきり聞くようにしましょう。何を目的として、どこに向かって走ればいいのか。これを明確に口に出してもらうようにします。

ビジネスの評価は、基本的に成果物で決めるものです。**その成果物を出させるのが、上司の最も大切な役割なのですから、遠慮する必要はありません。**上司の曖昧な指示、間違いをなくすには、「部下に何をやって、どんな成果を上げてほしいと考えているのか」というゴールを明確にしてもらうようにしましょう。

▼相手からの印象を損なわずに、結論を導く方法

しかし、ゴールが定まっていない上司は、きちんと答えられないかもしれません。ここで「指示が曖昧です」「言っている意味が分かりません」と、ストレートに言うこともできますが、実際は躊《ちゅう》躇《ちょ》する人も多いでしょう。相手を傷つけずに尋ねるなら、

「今のお話を要約すると…」

と言って、上司の話を簡潔にまとめて返すようにしてください。

これは、私が政治家や経営者のスピーチライターの仕事をやるなかで、身につけたコツです。政治家も企業のトップも、結構、話が支離滅裂だったり、思いつきの羅列だったりします。しかも責任を取りたくないので、結論を曖昧にする人も多いのです。彼らに盾を突いて、印象を悪くしたら一巻の終わりです。**なんとか機嫌を取りながら、言いたいことを明確にしていくには、こちらが相手**

の話を要約するのが一番です。

これは、ある会社で実際にあった話です。リモートワークの仕事の評価について、上司がダラダラと話していたところ、部下がこう言いました。

「失礼ながら、今のお話を要約させていただくと、リモートワークの評価は、成果の数値のみで判断する。意欲とか姿勢のような情意評価は一切排除する、ということでよろしいでしょうか」

こう言われると、「いや、一切とは言っていない。みんなの頑張っている姿もちゃんと考慮する」とまた決断から逃げる。

「では、なんらかの方法で情意評価も加算するということですね」

と、部下が上司の言葉を要約して返答していくのです。上司は追い込まれて「まぁ、そういうことだ」と言いました。すると、部下が、

「非常によく分かりました。ありがとうございました。その方向で再度検討させていただきます」

と上司に感謝の言葉を述べて終わったのです。メンツはつぶさなかったわけですね。

これは「要約」から始まる三段論法です。ここまでやるのは厳しいかもしれません。しかし、上司の言葉を要約して、指示を明確化するプロセスは、理解してもらえたのではないでしょうか。

▼なぜ上司の指示は曖昧になるのか？

ここまで読んで、すでにリーダーや管理職のポジションについている読者の皆さんのなかには**「自分が出している指示も曖昧かもしれない」と、内心焦っている方もいるのではないでしょうか。**

実は私もその1人でした。

自分が部長だった頃の経験です。非常にたくさんの仕事が動いていました。恥ずかしながら、部下が一生懸命やってくれている仕事の内容が把握できておらず、とりあえず会議に出たり、提出された資料を読んだりする機会がありました。部下には言えないのですが、「あれ？これなんの仕事だっけ？」「どこまで話が進んでいたっけ？」と思い出せないのです。これを見破られないようにするために、分かったふりをすることがよくありました。

こういう状況下で、必ずこれまでの経緯を説明してくれる部下がいました。

「前の会議で決まったことは……でした」

「前回の打ち合わせで、部長が〇〇と言われたのを踏まえて、ここを修正してきました」

上司が、指示が曖昧になったり、判断を間違ったりする理由には「1つの業務に集中できない」ということがあるのです。忙しいミドル世代の皆さんにも経験があるのではないでしょうか。

そんなときは、これまでの経緯を説明してもらえると大変助かります。ある会社では、会議のときに必ず前回の会議の振り返りと、今日の会議の目的とゴールを言葉で共有していました。それがルールなのだそうです。とても効率的でした。忙しく飛び回る上司にとっては、ありがたい会議形態です。

上司の指示が曖昧なときには、その仕事が今どんな状況か、現在地を改めて説明する。そのアシストがあるだけで、上司からの指示の精度はぐっと高まるはずです。

まとめ

曖昧な指示の原因は上司の忙しさ。
仕事の現在地を説明し、判断を助けよう

Case
25

現場の仕事量がキャパオーバー。
モーレツ上司に
どう理解してもらう？

お悩みへの
Answer

「それを受けたら、これが遅れる」…
客観的なデータを示して交渉を

▼「できません」は多くの場合、言ったもん勝ち

管理職の仕事の1つが、部下の労務管理。働き方改革のなかで、社員の残業時間に対する視線が厳しくなり、「仕事量の調整」が重要な任務となりました。

私が若かった頃は、テレビから「24時間戦えますか？」という勇ましいマーチ調のCMが流れ、土日も正月休みもなく、徹夜もいとわず働いていました。もちろん疲れはしましたが、むしろ高揚感がそれを上回っていた。「こんなに働いている私」がいとおしく、「俺って偉いなぁ」と甘美な気持ちにさえなっていました。「子どもが生まれたときも病院に駆けつけられなかった」「親の死に目にも会えなかった」という先輩たちは、悔いるどころか誇らしげに語っていた。そんな時代を経験してきた、今の経営者や役員クラスのなかには、「もうそんな時代ではない」と頭では分かっていても、**「私の若い頃はもっと働いていた」という郷愁と自己愛にどっぷりと浸っている人がたくさんいます。**

しかし、昔と今とでは、労働環境が全く違います。ファクス（死語？）と電話で仕事をしていた時

代と、生成ＡＩやチャットコミュニケーションで仕事が回る時代では、仕事の密度が違う。内容も高等数学を毎日解かされているのかと思うほど複雑になり、心身の疲労もハンパではありません。昔の感覚のまま仕事をどんどん入れられたら、どんな人間だって心身がボロボロになってしまいます。

「これ以上残業はさせられない」。こうした現場の状況を無視してどんどん働けと言ってくる上司に対しては、「無理です」「限界です」とすぐに言ってくる人（若手など）を少し見習うべきです。**「私は、サービス残業はしません」「土日は仕事を入れません」…多くの場合は、「言ったもん勝ち」です。**上司だった時代を振り返ると、こうした発信をする部下としない部下にはっきりと分かれていました。そして「あの人は、定時に帰るからなぁ…じゃ、あなたやってくれる？」と、何も言ってこない部下に仕事を任せることがありました。今では、大反省です。

▼「気合だ」と言われないために必要な「客観的データ」

それでは、どのようにしてキャパオーバーした仕事を上司に訴えればいいのでしょうか。大きくは、3つあります。

❶キャパオーバーの実態を具体的に書き出し、証拠として見せる

❷話は冷静に。しかし「眠れない」「だるい」「メンバーが体調を崩している」など、身体の状況や感情はしっかりと伝える

❸どの仕事を断りたいかなど、具体策を考えておく

❶は、上司に「これくらいできるだろ！」「君たちならやれると思っている」などといい加減なことを言わせないために、必ずやってほしいことです。これがないと相手は「気合でやれ！」的なことを言って、励ました気になり、まともに考えてくれません。**今、チームや自身がどれだけの仕事を抱えているのか。その仕事量をこなすために、どのくらい時間や人手が足りないのか。残業時間はどのくらい増えているのか。**こうしたことをすべて紙に書き出して、その紙を前にして話し合ってください。

❷が肝です。これだけ労働に関する法整備が進んだのも、キャパオーバーになって心身の不調を訴える人が増えたことが大きな一因です。だから、仕事の量の話だけでなく、**それを受けている「人間」としてのあなたやチームメンバーの心身がどのような状態に追い込まれているか**を語ることを忘れないでください。**「このままだと、自分や誰かが休むことになる」**というニュアンスのことを伝えれば、モーレツ上司も進軍ラッパを吹くのをやめるでしょう。

❸は、上司との関係を建設的なものに保つために必要なことです。**自分から「これ以上の仕事は引き受けられない」「ただしこの内容ならばできる」などと提案する。**これで、ただやる気がないのではなく、しっかりと考えて上司に相談したことがきっと分かってもらえるはずです。

大切なのは、「もう、ダメだぁ！」「いいかげんにしてよ！」と感情的にならないこと。感情で戦うのは、モーレツ上司の最も得意なところです。あくまで冷静に、具体的に接することを心がけてください。

▼まねしたい取引テク「それを受けたら、これが遅れます」

最後に、上司との仕事量の交渉がうまいなぁと感じた若手の話を紹介します。

とあるスーパーマーケットの商品企画部の若者です。熱血漢の上司の下で働いており、まともにやっていれば、キャパオーバー確実です。しかし、その人は、仕事を入れられるとき、

「その仕事を受けると、今やっているこの仕事の納期が2日ほど遅れることになりますが、いいですか？」

と言うのです。上はすぐに、

「なんとかならんか？」

と言ってきますが、

「今の仕事は、70％くらいは完成していますが、1日で終えるのは不可能です。現実的に考えて、2日は遅れます。それでもよろしければ、受けますが、納期に間に合わないのは、まずいと思います」

と答える。完全なディール（取引）ですね。**自分の仕事を客観的に眺めて、上司と対等に交渉して**いるのです。嫌みを言うことなく、上司を批判するわけでもなく、「会社全体のメリット・デメリットを考えてどう判断するか？」と迫るので、上司も応じざるを得ない。メンタルが強いというよりも、客観的に、数値的に、判断する力があるのです。

「いいからやれ！」というモーレツ型の上司は、仕事の優先順位をつけるのが苦手で、この手のディールに弱いこともあります。試してみる価値はあるでしょう。

まとめ

デメリットを客観的なデータで示し、相手を交渉のテーブルにつかせる

おわりに

新しい世紀は「15年遅れてやってくる」という説があります。

1715年	フランスで太陽王といわれたルイ14世死去。市民革命の18世紀が始まる。
1815年	ナポレオン失脚　セントヘレナ島へ島流し。産業革命の19世紀へ。
1914年	第1次世界大戦勃発。戦争の20世紀に突入。

この法則にのっとれば、2015年あたりまでが、20世紀の世紀末。2016年頃から21世紀が始まったという見方ができます。

本書は、真の意味での21世紀の幕開けを踏まえて書いたものです。第1章のコラムにも書きましたが、２０１６年以降の社会変化は、すさまじいものがあります。ＳＮＳがコミュニケーションの中心になり、スマホがなければ生活がままならない時代になりました。パンデミックは、緊急事態宣言が出ていた頃にとどまらず、その後の働き方に大きな影響をもたらしました。

ジェンダー観やハラスメントへの認識の変化も相まって、若者の価値観は上の世代とずいぶん違うものになりました。昔のテレビ番組をネットで見た若者が「こんな差別やいじめにつながるギャグを平気で流していて、誰もクレームを入れなかった昭和の人はおかしい」と私を強く非難してきたとき、20世紀のギャグはすべて封印しなければならないと思ったものです。

「Z世代をどう扱うか」といった類いの本や情報は、最近、ちまたにあふれています。しかし読んでみると、若い世代かミドル世代か、どちらかの視点からしか書かれておらず、一方通行な印象を受けるものも少なくありません。

私は普段、研修などで多くの企業や行政機関を訪れ、シニア世代、ミドル世代（かつてのゆとり世代を含みます）からZ世代まで、さまざまな世代と話す機会があります。そのなかで「こう言えば、納得するのか」「こういう言い方は反感を買うのか」「本音を引き出すには、こういう態度で臨めばいいのか」と、体験を通じて学んだことを書き留めていきました。

また、私は博報堂に長く勤め、いわゆる「昭和型ビジネスマン」として生きてきました。今、当時の部下たちが管理職となり「若者に声をかけられない！」と悩んでいる姿を見ています。一方で大学でも教えており、就職したかつての教え子たちから「会社を辞めたい」「上司がうざい」「周囲が活躍していて焦る」などと相談を受けたり、現役の学生から「眠いから遅刻をしたことがなぜ悪いのか正直分からない」と持論を展開されたりしています。こうしたすべての人の言葉を吟味しながら、特に若手との意識のすれ違いに悩むミドル層に向けて、本書を書きました。

執筆にあたっては、日経BP編集の久保田智美さんに大変お世話になりました。いただいた日経クロスウーマンのアンケートでは、管理職の最大の悩みが部下の育成であり、「上司や同僚、部下との相性が悪かった」など人間関係に悩む人も多く、「人間関係」の対応や処理が、仕事そのもの以上に重要な仕事になっている現実を見せていただきました。そうした生の声も、本書にちりばめています。また、現役で、大手企業で働く真井紀子さん。女性管理職として人を束ねるご苦労に、頭が下がる思いがしました。そしてZ世代として「今の若い子にそんなことを言っても通じませんよ」と警鐘を鳴らしてくれた大阪芸術大学の上原響さん。彼女の言葉が本書をどれだけリアルなものにしてくれたか。いつもながら、本当にありがとうございました。

私ごとではありますが、母が今年93歳になります。先日、正月に老人ホームから我が家に来たとき、こんなことを言っていました。

「私は両親もきょうだいも早くに亡くなったので、自分がどのように年を取るのかが分からない。どこが痛くなって、どんなふうになるのか見本になるものがない。だから、息子たちには、『老いる見本』になればいいと思っている。私を見れば、将来どうなるかが分かるようにしたい」

私の中に「見本」という言葉が強く残りました。先に生きているものは、誰かの「見本」になっているはずです。

あなたが日々過ごす姿も、部下にとっては知らず知らずのうちに「見本」になっている。会社の仕事や子育てに追われて髪を振り乱しているあなたの姿を、理不尽な上司に怒られて憤懣やるかたない中で再びパソコンに向かうあなたの姿を、部下は見ている。今は、「ああはなりたくない」と思っているかもしれないけれど、自分があなたと同じ年齢になり、同じ境遇になったとき、あなたの今の言動を「あのとき、上司が言っていたのはこういう意味があったのか」と腹落ちするときが来るのではないでしょうか。

あなたの今のまま、その姿が、将来の部下の「見本」になっている。そのときに部下が腹落ちしてくれることがきっとたくさんある。多少の行き違いがあっても、いつかあなたの思いが、部下の生きる糧になる。私はそれを信じています。

最後まで読んでいただき、うれしいです。ありがとうございました。また、お会いできる日を楽しみにしています。

ひきたよしあき

ひきたよしあき
コミュニケーションコンサルタント

大阪芸術大学放送学科客員教授、早稲田大学招聘講師。(株)SmileWords代表取締役。スピーチライター。兵庫県生まれ。1984年、早稲田大学法学部卒業。博報堂に入社後、CMプランナー、クリエイティブディレクターとして数々のCMを制作。ソーシャルプランニング部長職として主に官公庁向けの広告案件を担当。政治、行政、大手企業のスピーチライターとしても活動し、"人の心を動かす"原稿が評判を呼び、数多くのエグゼクティブから指名が殺到する。上場企業や行政機関、また「JFA　公益財団法人日本サッカー協会」や「浄土真宗本願寺派(西本願寺)」などさまざまなジャンルの組織でコミュニケーションスキルの指導も行い、手掛けた企業・団体は延べ300を超える。また、大阪芸術大学、明治大学、早稲田大学などで教え、中堅、新人社員となった卒業生たちを中心にコーチングを請け負う。『5日間で言葉が「思いつかない」「まとまらない」「伝わらない」がなくなる本』(大和出版)、『人を追いつめる話し方　心をラクにする話し方』(日経BP)など著書多数。世代や職種を超えて、自分と相手を笑顔にするコミュニケーションの重要性を日本全国に伝えている。

若手はどう言えば動くのか？

2025年 3月 10日　第1版第1刷発行

著　者	ひきたよしあき
発行者	佐藤珠希
発　行	株式会社日経BP
発　売	株式会社日経BPマーケティング
	〒105-8308 東京都港区虎ノ門4-3-12
ブックデザイン	小口翔平＋青山風音(tobufune)
本文デザイン・制作	藤原未央
イラスト	こつじゆい
編　集	久保田智美(日経BP)
編集協力	谷口絵美
校　閲	田邉香織
印刷・製本	TOPPANクロレ株式会社

ISBN 978-4-296-20729-9
©Yoshiaki Hikita 2025 Printed in Japan

書の無断転写・複製(コピー等)は、著作権法上の例外を除き、禁じられています。購入者以外の第三者による電子データ化および電子書籍化は、私的使用も含め一切認められておりません。

本書に関するお問い合わせ、ご連絡は右記にて承ります。　https://nkbp.jp/booksQA